DE LA *A* A LA *Z*
PARA LOGRAR NUESTROS SUEÑOS

Claudia Maritza Campo Hurtado

DE LA *A* A LA *Z*

PARA LOGRAR NUESTROS SUEÑOS

Los elementos esenciales
para que tus sueños se hagan realidad

CLAUDIACAMPO.LLC
EDICIONES DOCE CALLES
2026

A menos de que se indique de otra forma, todas las escrituras bíblicas usadas han sido tomadas de la Biblia Reina Valera.

1.ª edición: junio 2025
2.ª edición: diciembre 2025

Para América
©ClaudiaCampo.LLC
Tel: +1 (571) 494-0075
www.claudiacampo.com
Claudia Maritza Campo@facebook.com
claudiacampo@outlook.com

Para el resto del mundo
© Ediciones Doce Calles
Tel.: (+34) 91 892 2234
www.docecalles.com
docecalles@docecalles.com

ISBN: 978-84-9744-539-9
Depósito legal: M-2592-2026

Printed in Spain

Índice

Dedicatoria

Con profundo amor y gratitud, dedico este libro primeramente a Dios, el dador de la vida, su amor inagotable me ha sostenido y fortalecido en todo tiempo, especialmente en los momentos más oscuros y difíciles de mi existencia.

A mis hijos, Paula Andrea y José Daniel, que aunque ahora estamos, cada uno en un continente diferente, seguimos estando unidos por lazos inquebrantables de amor que superan el paso del tiempo y la enorme distancia que nos separa.

Ustedes son un regalo maravilloso de Dios y les doy infinitas gracias por su amor, su respaldo y su apoyo incondicional en cada etapa de mi vida.

Le pido a Dios que los bendiga y proteja siempre, que les conceda los anhelos de su corazón y que todos sus sueños se hagan realidad.

Y a mi amado esposo, mi Pedrito, quien desde que nos conocimos ha llenado mis días de amor y alegría.

Gracias por tus cuidados, tu dedicación, tu compromiso conmigo y por apoyarme para que pueda dedicarme a cumplir mi sueño de ser escritora.

Espero que Dios nos conceda una larga vida para que podamos seguir cumpliendo nuestro sueño de hacer muchos "viajes de novios" juntos. Te amo con todo mi corazón.

Agradecimientos

Son numerosas las personas que a lo largo de mi vida, de una manera u otra, han aportado a lo que soy hoy en día y a la realización de este libro; con el riesgo de dejar a muchos de ellos fuera de estos agradecimientos, permítanme mencionar algunos de ellos:

A Dios, quien le da sentido y propósito a mi vida y que me llamó para ser comunicadora de su amor, gracia y perdón. No poseo honor más alto que ser un instrumento en sus manos para llevar un mensaje de fe, esperanza y restauración.

A mi gran amiga Alba Miriam Delgado, que con su excelencia y ética de trabajo fue un gran modelo para mí de la entrega con la que se debe realizar cualquier proyecto que emprendamos.

A mis amigos, José David Muñoz y Ana Lucía Beltrán, que han creído en mí y me han respaldado con su amistad y generosidad para realizar mi sueño y propiciar que hacer una diferencia en la vida de otras personas sea una realidad.

Al Pastor Allen Perdue y a la Iglesia Wesleyana, quienes también creyeron en mí y con su respaldo hicieron posible el sueño de vivir y trabajar en los Estados Unidos.

A la Iglesia Fuente de Vida y a todos sus miembros, que en una etapa de mi vida, y durante varios años consecutivos, me dieron la oportunidad y el privilegio de pastorearles y ministrarles cada semana. Aprendí mucho de cada uno de ustedes y me desafiaron cada día a ser más y mejor.

A mis Pastores Wilmer y Claudia de Remanente Church, quienes me guiaron en mi proceso de restauración. Al Pastor David Alberto Pérez, de Cambios Church, a la Pastora Emma Salmerón de Ebenezer y al Pastor Carlos Martínez de la Iglesia del Faro, entre muchos otros pastores, que me permitieron compartir mi testimonio y abrieron las puertas de sus Iglesias para respaldar el ministerio de restauración y formación de líderes al que Dios me ha llamado.

Al padre de mis hijos, José Iván Cano, que durante 28 años fue mi esposo, amigo y el mejor compañero de trabajo y ministerio. Su responsabilidad y compromiso siempre fueron una inspiración para mí.

A mi madre, Chalito, por sus oraciones y su ejemplo de fe y entrega a Dios y a los demás; a Mónica, mi amada hermanita, luchadora incansable por sus sueños, por su amistad y apoyo incondicional ¡Eres la mejor hermana del mundo! y a mis sobrinas Tess y Lou, que Dios las ayude a usar sus grandes talentos artísticos para seguir embelleciendo este mundo.

A mi papá, Eduardo Campo, por darme la vida, y a mis hermanos, Andrés y Natalia, por existir. A mi Tío Marino, por ser un padre para mí, y a mis tías Gladys, Betty, Yolanda, Carmen, Marlene y Cecilia, todas tuvieron un papel protagonista en alguna etapa de mi vida.

A mi hija Paula Andrea, su esposo Thomas Lacey, que es como un hijo para mí, y el equipo de sus empresas Real Soul Ventures y Elements Content Studio, por apoyarme siempre con este proyecto y la creación de mi marca. Gracias hija por ser mi Coach personal con tu amor y sabiduría.

A mi nieta Valerie, cuya energía inagotable, dulzura y amor han traído un bálsamo a mi vida. Espero que algún día este libro sea de inspiración para ti.

A mi hijo José Daniel por ser mi compañero de viajes y aventuras y, sobre todo, por su respaldo y amor incondicional en los momentos más difíciles de mi vida. A Julianita, quien, desde que llegó a nuestra familia, nos ha iluminado con su amor, servicio y alegría, y a mi nieta Kaia, una hermosa muñequita, que ha llegado para iluminar nuestra existencia con su presencia.

A mi mentora, Igna de Suárez, una gran mujer de quien aprendí el amor y la compasión en acción; ella es la persona más parecida a Jesús que he conocido en toda mi vida.

A toda mi gente de Pereira: mis amigas incondicionales y la Corporación Comunidad y Familia, gracias por permitirme ser parte de sus vidas.

A todo el equipo de Radio Poder: su manager, Ruth Shelton, quien me invitó a tener un programa en la emisora; Milton, quien con paciencia realizó la edición y producción; y a Sugel y Rossy, que con su servicio y dedicación son un sol que ilumina la vida de tantas personas que escuchan, día tras día, la programación de la emisora.

A todos mis patrocinadores del programa radial «Vive Tu Sueñ». sin su ayuda, este sueño no hubiera sido posible. Gracias a su aporte, hemos contribuido en la transformación de muchas personas de las que, tal vez, nunca sabremos.

A mi maravilloso equipo de trabajo: Yolanda García, Sandra Díaz, Luz Marina Sarmiento, Yolanda Sánchez, Sergio Alberto y Carmen Navarrete, Jenny La Rotta, Katherine Maestre, Ximena Sanclemente, Edgar La Rotta y Adrianita García; algunos ya no están trabajando conmigo, pero todos en su momento han hecho un valioso aporte a mi vida y ministerio.

A Alessandro Ibáñez, presidente de USA Loans, compañía de préstamos hipotecarios, por su excelente liderazgo y mentoría para ayudarme a hacer realidad mis sueños a nivel profesional.

A mis hermosas amigas del grupo "Fearfully wonderfully made" de la Iglesia Bayside Community Church, en Florida, que son ángeles que Dios ha puesto en mi camino para bendecir mi vida y apoyarnos juntas para hacer nuestros sueños realidad.

A mi amado esposo, Pedro Miguel Sánchez Moreno, director general de Ediciones Doce Calles, por unirse a mí con tanta dedicación y esmero, para hacer realidad este sueño que había estado paralizado por muchos años; y a su eficiente equipo de trabajo, Maciel, Adriana y Saray. Gracias a ustedes finalmente este proyecto pudo completarse.

A Alirio Cano Guzmán, erudito en el arte de las letras, por las incontables horas y arduo trabajo en su amable revisión de esta segunda edición; para asegurarnos de que quien tome este manual dentro de 50 años tenga en sus manos un excelente texto literario.

Y a ti, mi amado lector, que al tener en las manos este libro me permites llegar a tu vida con un mensaje de fe, amor, esperanza y restauración, deseando que este libro sea un legado para ti y para las futuras generaciones.

Presentación

Eran aproximadamente las 8:30 de la mañana y estaba estancado en el caótico tráfico del área metropolitana de Washington D. C., rumbo a mi trabajo, de Virginia a Maryland por la interestatal 495. Pero al encender la radio mi estrés y mi frustración se terminaban porque era el programa de la Dra. Claudia Campo.

Mi programa radial esperado de las mañanas. ¡Ahí mis sueños, aspiraciones y planes volvían a nacer! La Dra. Campo compartía temas de liderazgo, principios de logros extraordinarios, cómo alcanzar tus metas y cómo descubrir el potencial que había en ti.

Estaba pasando un proceso en mi vida muy difícil. Pensé que ya no iba a lograr alcanzar lo que tenía antes. Había perdido mi posición ministerial, trabajo, amigos y mi puesto como líder. Esa transición de cambios bruscos me tenía casi amargado, triste y sin esperanza. Vivía el momento nada más. Mi esposa y ciertos amigos eran los que me sostenían esa llama de liderazgo; pero fue cuando comencé a escuchar en la radio a la Dra. Claudia, con sus enseñanzas, historias y ejemplos, que me volvió a dar esperanza para lograr de nuevo lo que tenía antes, y aún más.

No me perdía ninguna emisión radial de la Dra. Campo. Incluso esperaba que hubiera tráfico para poder escucharlo en su totalidad. Visité sus redes sociales y comencé a leer sus escritos e información, hasta que un día le escribí para presentarme y decirle que sus temas estaban haciendo efecto en mí positivamente. Comencé a anhelar de nuevo retomar mi liderazgo; y gracias a ello, me motivé a seguir estudiando, capacitándome y esperando el momento de restitución.

Cuando conocí personalmente a la Dra. Claudia, le abrí mi corazón y le conté todo mi pasado y que muchas veces sentía que no volvería a alcanzar lo que tenía. Ella, en una manera muy celestial, me contó también su pasado y se parecía al mío. ¡No podía creer todo lo que ella vivió en una dura etapa de su vida, cuando prácticamente lo perdió todo! Pero ahora, con programas radiales, seminarios, viajes, televisión, talleres de capacitación y esa entusiasta actitud de bendecir a otros, era como uno de esos pocos ángeles que Dios mandó para levantar mi espíritu y motivarme a creer que podría lograr mis sueños de nuevo.

El tiempo ha pasado, ahora puedo decir que estamos teniendo más de lo que teníamos antes. Todo se lo debo a Dios: mi esposa, familia, iglesia y amigos, como la Dra. Campo, que creyó en mí aunque yo no creía en mí mismo. Gracias, Dra. Campo, por tus consejos, enseñanzas y amistad incondicional. Nunca olvidaré aquel tiempo de espera en mi auto cuando disfrutaba tu programa radial ¡Bendito tráfico que me hizo crecer en la fe!

DAVID ALBERTO PÉREZ
Profesor de Teología y Comunicaciones.
Coach Ontológico de Liderazgo.
Pastor Cambios Church.

DE LA *A* A LA *Z*

PARA LOGRAR NUESTROS SUEÑOS

¿Qué hacen las personas cuando pierden sus casas después de un desastre natural? ¿Se quedan sentadas encima de los ladrillos contemplando las ruinas de lo que una vez fuera su hogar? ¡De ninguna manera!

De inmediato, se levantan, y comienzan a reconstruir, y muchas veces, la nueva casa es mucho mejor que la anterior.

Quisiera decir que ese es el reflejo de mi historia, pero estaría muy lejos de la realidad. La verdad es que, aunque no tuve que recuperarme de un desastre natural, el golpe emocional de ver toda mi vida destruida y mis sueños derrumbados me dejó postrada en una cama con una terrible depresión, al punto de desear la muerte más que la vida para volver a comenzar.

En más de 35 años de experiencia trabajando en consejería pastoral y coaching individual, he encontrado que muchas veces es más difícil recuperarse de una herida emocional que de una herida física; además de que puede llegar a ser paralizante.

Al escribir este libro, es mi oración que el Espíritu Santo use este mensaje como un manual que sea un bálsamo y una guía de inspiración para ayudarte a recuperarte de las pérdidas emocionales o para apoyar a alguien a levantarse nuevamente y volver a comenzar.

En diciembre de 2013, un juez de la corte en Alexandria, Estados Unidos, dictó la sentencia final de mi divorcio. Devastada y sin poder contener las lágrimas, me di cuenta de que a mi alrededor había casi un centenar de personas firmando su divorcio ese mismo día, pero todos ellos estaban celebrando felices por obtener finalmente su libertad. La verdad es que yo no estaba feliz; era el final de 28 años de matrimonio y, con ello, la pérdida de toda la seguridad y estabilidad que había tenido durante todo ese tiempo de mi vida.

Además, meses atrás, por causa de mis errores, perdí mi licencia pastoral, mi trabajo en la iglesia, mis sueños e incluso muchas de las amistades que había tenido hasta ese momento. Pero, la misericordia de Dios y el amor de mis hijos me ayudaron a sostenerme y me dieron la fuerza para levantarme y comenzar de nuevo a reconstruir mi vida.

No importa lo que haya pasado en tu vida, es posible volver a comenzar y, con la ayuda de Dios, lograr todo aquello que siempre has soñado y que alguna vez te fue robado o que, como en mi caso, perdiste debido a la falta de sabiduría, o por tomar decisiones que te llevaron por un camino equivocado que terminó en sufrimiento y dolor, tanto para nosotros como para los que nos rodeaban.

Los siguientes temas fueron elaborados a partir de cada una de las letras del abecedario, de la A a la Z, emitidos a través del programa radial VIVE TU SUEÑO en la emisora Radio Poder de Washington D. C., y ahora quiero compartirlos contigo, como herramientas o elementos esenciales para contribuir a hacer tus sueños realidad.

A través de este libro quiero cumplir con el propósito de mi vida y la misión de mi empresa: ser un rayo de luz en tu camino y ayudarte a llegar a la CIMA. Es decir:

Capacitarte para alcanzar tus metas
Inspirarte a soñar en grande
Motivarte a desarrollar todo tu potencial
Asesorarte en tu camino al éxito.

Primero, quiero aclararte que llegar a la CIMA y conquistar el éxito no implica necesariamente alcanzar poder, fama o dinero, ya que todas estas cosas son temporales y, cuando las logramos, usualmente, nos dejan más vacíos que antes. En realidad, lo más importante es vivir de acuerdo con el propósito para el cual naciste y fuiste creado:

Disfrutar de una relación de amor con tu Padre celestial; cumplir con el destino que Dios tiene preparado para ti; realizar la visión y los sueños que Dios ha puesto en tu corazón; hacer una diferencia en el mundo a tu alrededor y, finalmente, dejar un legado para tus futuras generaciones.

¿Estás listo(a)? Comencemos entonces…

Actitud

John Maxwell, autor de más de cien libros sobre crecimiento personal, cuenta que, cuando él estudiaba el bachillerato, pertenecía al equipo de básquetbol de su escuela y el entrenador lo nombró capitán, a pesar de que no era el mejor jugador y, además, era el más joven. Cuando el entrenador anunció que John Maxwell iba a ser el capitán del equipo, les dijo: «¿Quieren saber por qué le he nombrado a él capitán? Por su buena actitud, él siempre está motivando a sus compañero».

John cuenta que, desde ese momento, entendió que era su actitud y no sus habilidades la que lo llevaría muy lejos en la vida.

Si quieres que tus sueños sean una realidad, debes tener una actitud positiva, que te ayude a relacionarte mejor con los demás y a enfrentar tu vida con optimismo.

Martin Seligman, en el libro *Aprende Optimismo*, describe el *optimismo* como la cualidad más importante que una persona debe desarrollar para experimentar el éxito y la felicidad. Él dice que las personas optimistas son más productivas, efectivas y, usualmente, presentan las siguientes características:

Los optimistas siempre buscan lo bueno de cada situación: Sin importar lo difícil que sea el problema, las personas con buena actitud, siempre encuentran algo beneficioso en medio de cualquier circunstancia.

Charles Swindoll, pastor, maestro y escritor, dijo que «La vida es un 10% lo que nos sucede y un 90% cómo reaccionamos ante esas cosas que nos sucede». Es decir, lo más importante en nuestra vida es interpretar y actuar de una manera proactiva y positiva ante las circunstancias que nos pasan, sean buenas o malas.

Viktor Frankl, neurólogo y psiquiatra austriaco, procedente de una familia judía y prisionero en los campos de concentración nazi, ilustra muy bien esta idea. Viktor tenía que enfrentarse cada día con la muerte. Diariamente muchos de sus compañeros morían, ya fuera por hambre, por exceso de trabajos forzados o en las cámaras de gas. Sin embargo, siempre mantenía una actitud de fe y esperanza, él confiaba en que algún día iba a salir de allí.

Cada día, por difícil que fuera, él se decía que iba a sobrevivir al Holocausto y podría reencontrarse con su esposa y con sus padres, a quienes tanto amaba. También se imaginaba que, parado frente a un auditorio, compartiría con miles de personas acerca de su actitud positiva que lo había ayudado a sobrevivir al Holocausto. Esa actitud ante el dolor lo fortaleció mientras intentaba sobrevivir.

Viktor Frankl dijo: «Todo puede serle arrebatado a un hombre, menos la última de las libertades humanas: la de escoger su actitud en medio de una serie dada de circunstancias; la de elegir su propio camino. ¿No puedes cambiar una situación? Si no está en tus manos cambiar una situación que te produce dolor, siempre podrás escoger la actitud con la que afrontes ese sufrimient».

El 27 de abril de 1945, Viktor fue liberado del campo de concentración, pero fue el único sobreviviente de su familia. Después de recuperarse, Viktor decidió compartir en un libro todas las experiencias que había vivido durante esos años. Además, registró todas las enseñanzas que había aprendido durante esa terrible etapa de su vida. Ese libro, *El hombre en busca de sentido*, fue inscrito en la biblioteca del Congreso en Washington D. C. como uno de los libros que han cambiado el curso de la humanidad.

Viktor Frankl escribió: «Lo que de verdad necesitamos es un cambio radical en nuestra actitud hacia la vida. Tenemos que aprender a superar el dolor por nosotros mismos y, después, enseñar a los desesperados, a aquellos que han perdido la esperanza. En realidad, no debemos esperar nada de la vida, sino más bien debemos preguntarnos: **¿Qué podemos dar nosotros y cómo podemos contribuir para hacer mejor la vida de los demás**».

Esa actitud hacia la vida me toca profundamente, porque la mayoría de las personas estamos esperando recibir y si no obtenemos lo que esperamos nos sentimos frustrados.

El mundo sería diferente si cada uno de nosotros decidiera tener un cambio radical de actitud: debemos entender que Dios nos ha puesto aquí en la Tierra para que tomemos la iniciativa de dar, amar y servir, sin importar si recibimos algo a cambio o no.

En 1947, Viktor Frankl contrajo matrimonio nuevamente. Respecto al amor dijo: «**El amor es la meta más elevada y esencial a la que puede aspirar el ser humano; la plenitud de la vida humana está en el amor y se realiza a través de é**». Creo que todos podemos identificarnos con ese deseo y esa necesidad tan profunda en el ser humano de amar y ser amados. Jesús nos enseñó a amarnos los unos a los otros, como el segundo mandamiento más importante de la ley de Dios.

Viktor Frankl fue profesor de neurología y psiquiatría en la Universidad de Viena, hasta la edad de 85 años. También fue profesor invitado de la Universidad de Harvard y en otras universidades del mundo. Falleció a los 92 años dejando un legado de amor y esperanza para la humanidad.

La historia de Viktor Frankl me lleva a pensar que si él pudo enfrentar y sobrevivir al holocausto, una de las atrocidades más grandes en la historia de la humanidad, tú y yo también podemos tener una buena actitud en medio de las circunstancias difíciles que se nos presenten en la vida.

A pesar de lo fuerte que sea el dolor que te agobia, lo triste y difícil o imposible que parezca tu situación, aunque te hayan engañado, decepcionado, traicionado, rechazado, aunque te hayan pisoteado, o seas tú mismo quien ha fallado y causado dolor a otros, y ahora estés lleno de culpa, vergüenza y dolor, debes saber que si tienes una actitud optimista de fe y esperanza, con la gracia y el favor de Dios podrás salir adelante.

Si estás vivo es porque Dios todavía tiene planes contigo; es porque todavía puedes tener un presente y un futuro maravillosos llenos de fe, confianza y esperanza en el Dios que todo lo puede y que, cuando menos lo esperas, puede hacer un milagro y cambiar tus circunstancias. Pero mientras las circunstancias cambian, tú puedes escoger la actitud con la cual enfrentas esa situación.

Tal vez estás esperando que Dios cambie tus circunstancias, pero es muy posible que Dios está esperando que seas tú quien cambies de actitud para que Él pueda hacer el milagro de cambiar tu situación.

Me encanta la historia de José que narra la Biblia en el Génesis. José fue vendido por sus hermanos, separado de su tierra y de su familia, llevado a un país extraño donde no conocía ni el idioma ni la cultura, acusado falsamente por la esposa de su jefe y echado en la cárcel. Pero, aun así, José siempre mantuvo una buena actitud y siempre dio lo mejor de sí mismo. Como consecuencia de eso, Dios siempre estaba con él y todo lo que José hacía era prosperado.

Al final, cuando José llegó a ser el administrador de las posesiones del Faraón, dijo a sus hermanos: **«Ustedes pensaron mal contra mí, pero Dios lo encaminó para bien, para hacer lo que vemos hoy, para mantener con vida a mucho puebl»**.(Génesis 50:20).

Y esa debe ser la actitud que tú y yo debemos mantener por terrible y difícil que parezca una situación: Dios tiene el poder para cambiar cualquier circunstancia hacia nuestro favor. Cuando pases por alguna prueba o dificultad, reflexiona: ¿Qué es lo bueno de esta situación?

Los optimistas siempre encuentran una lección para aprender de cada fracaso: Los optimistas creen que las dificultades vienen para prepararlos y capacitarlos para ser cada vez mejores.

Romanos 8:28 dice: «Y sabemos que a los que aman a Dios, todas las cosas les ayudan a bie». No dice que «Todo nos saldrá bie». Es decir, que los problemas, asociados a soluciones acertadas, nos darán la experiencia para progresar en nuestra vida.

Los optimistas siempre encuentran la solución para cada problema: Ellos no están quejándose en cada situación; por lo contrario, están agradecidos y haciéndose preguntas para encontrar la solución y dar el siguiente paso. Su inquietud no es si van a resolver el problema, sino ¿cómo lo van a resolver?

Los optimistas siempre piensan y hablan de sus metas: Miran hacia adelante, no hacia atrás. Están pensando qué quieren y cómo conseguirlo.

El Apóstol Pablo dijo: «Olvidando ciertamente lo que queda atrás, prosigo a la meta, al supremo llamamiento de Dio».(Filipenses 3:13). De la misma manera, nosotros debemos olvidar el pasado, pedirle perdón a Dios y a quienes ofendimos, perdonar a otros y perdonarnos a nosotros mismos, y seguir hacia adelante logrando nuestras metas, persiguiendo nuestros sueños y luchando por los ideales que hay en nuestro corazón.

Hellen Keller, escritora, oradora, activista y la primera persona ciega y sorda en obtener una licenciatura universitaria, dijo: «El optimismo es la fe que conduce al éxito. Nada puede hacerse sin esperanza y confianza».

Una buena actitud de optimismo, de fe y de esperanza hará una gran diferencia en tu vida, te ayudará a alcanzar el favor de Dios y el éxito que tanto anhelas y será un factor determinante para que logres tus metas y ¡VIVAS TU SUEÑO!

Aceptación

Muchas personas no han aprendido a establecer la diferencia entre las cosas que pueden cambiar y aquellas que se deben aceptar, con tolerancia y resignación, y al no hacer esa diferencia, convierten su vida en un verdadero infierno.

La Oración de la Serenidad, una plegaria muy conocida que se le atribuye a Reinhold Niebuhr, un teólogo, filósofo y escritor de origen alemán, dice así:

«Señor, concédeme Serenidad para aceptar las cosas que no puedo cambiar, Valor para cambiar las cosas que sí puedo y Sabiduría para reconocer la diferenci».

La versión completa continúa diciendo:

«Viviendo día a día;
disfrutando de cada momento;
sobrellevando las privaciones como un camino hacia la paz;
aceptando este mundo impuro tal cual es
y no como yo creo que debería ser,
tal y como lo hizo Jesús en la tierra,
así, confiando en que obrarás siempre el bien;
entregándome a Tu voluntad,
podré ser razonablemente feliz en esta vida
y alcanzar la felicidad suprema junto a Ti en la vida eterna».

La serenidad llegará a nuestra vida cuando cambiemos nuestras expectativas. Uno de los secretos de la felicidad es aceptar todo aquello que, aunque no se ajuste a nuestras preferencias, no podemos cambiar. Cuando apreciamos las cosas positivas más que las negativas, podremos ser más agradecidos y mucho más felices.

La vida no es siempre color de rosa. Debemos entender esta realidad si queremos experimentar la paz, el gozo y la satisfacción que nos ayudarán a seguir adelante en la vida, a pesar de las circunstancias adversas.

Jesús nos advirtió que en el mundo tendríamos aflicción; pero también que, con su ayuda, podríamos superar cualquier dificultad porque no estaríamos solos, Él prometió que estaría con nosotros todos los días hasta el fin del mundo (Mateo 28:20).

Es difícil entender cómo de una tragedia puede salir algo bueno; pero ese fue el caso de Horatio Spafford, que se ha convertido en inspiración para miles de personas.

Horatio Spafford fue un abogado y hombre de negocios muy conocido en Chicago, en la década de 1870. Estaba casado y tenía cinco hijos. Era un hombre muy próspero y un cristiano devoto y consagrado. Pero de repente, las tragedias comenzaron a golpear a su puerta, una tras otra.

Primero, su único hijo varón murió a los cuatro años, de fiebre escarlata. Poco después, realizó una mala inversión financiera y perdió una enorme suma de dinero, quedando casi en la ruina. Al poco tiempo, se desató un gran incendio en Chicago que destruyó casi todas sus propiedades. Prácticamente todos los ahorros e inversiones de su vida se terminaron de perder en ese incendio.

En 1873, para aliviar el sufrimiento causado por esas calamidades, Horatio decidió llevar a su esposa y a sus cuatro hijas de vacaciones a Inglaterra, donde planeaban acompañar al famoso predicador evangelista D.L. Moody en su próxima cruzada. Justo antes de que abordaran el barco, un asunto de negocios de último minuto obligó a Horatio a posponer su partida. No queriendo arruinar las vacaciones familiares, convenció a su esposa y a sus cuatro hijas de que se adelantaran, con la promesa de que él viajaría y se reuniría con ellas tan pronto como pudiera resolver sus asuntos. Él permaneció en Chicago, en tanto que su esposa Ana y las niñas abordaron un barco francés para zarpar hacia Inglaterra.

Varios días después, Horatio recibió una noticia devastadora: El barco en que viajaban su esposa y sus hijas había colisionado en altamar con un buque inglés. El barco francés se hundió en tan sólo 12 minutos, y aunque hubo algunos sobrevivientes, entre ellos Ana, su esposa, 226 pasajeros perdieron la vida. Las cuatro hijas de Horatio, de once, nueve, cinco y dos años, estaban entre los que perdieron la vida en ese naufragio.

A su llegada a Inglaterra, Ana envió un telegrama a su esposo en el que le decía: «Sobreviví sola. Pero estoy bien, tengo paz en mi ser. Gloria a Dio». Horatio tomó el primer barco que salía desde Nueva York hasta Inglaterra para reunirse con su esposa. Durante el viaje, el capitán de la nave le mostró exactamente el lugar donde se había hundido el barco francés, llevándose consigo la vida de sus cuatro hijas.

Fue ahí, desconsolado, consumido por el dolor, contemplando la tumba de agua de sus amadas hijas, que recordó las palabras del telegrama de su esposa:

«Estoy bien, tengo paz en mi ser, gloria a Dio».

Al bajar a su camarote, sintiendo una renovada paz y fortaleza en su alma, tomó papel y lápiz y comenzó a escribir las estrofas de un himno en inglés, «It Is Well With My Sou».(Eso está bien con mi alma), que ha dado paz y consuelo a miles de personas cuando pasan por algún momento de aflicción.

Este himno, inscrito bajo la imagen de un barco que navega en un mar tempestuoso, era uno de mis cuadros favoritos en mi casa, y su primera estrofa dice así:

«De paz inundada mi senda ya esté
O cúbrala un mar de aflicción,
cualquiera que sea mi suerte, diré:
Estoy bien, tengo paz, gloria a Dio».

Este hombre lo perdió prácticamente todo: su único hijo varón, sus ahorros, sus propiedades en el incendio, y lo más preciado que tenía que eran sus cuatro hijas. Sin embargo, todavía pudo escribir: «Cualquiera que sea mi suerte, puedo decir... Estoy bien, tengo paz en mi alma, gloria a Dio».

Este himno e historia han llegado a ser fuente de consuelo e inspiración para miles de personas que han pasado por diferentes tragedias en su vida. Tal vez, tú también en algún momento lo has perdido todo, tu hogar, tu salud, tus amigos, tus padres, tus finanzas, tu seguridad y hasta tu integridad. O tal vez, fuiste a la cárcel, o a un hospital mental y sientes que no hay esperanza y que todo está perdido.

Pero quizás, puedes encontrar consuelo en saber que no eres el único que ha pasado por esa situación. La Biblia nos narra la historia de Job, que lo perdió todo: su hacienda, su medio de sustento, su rebaño, su ganado y hasta sus hijos. Lo único que le quedó fue su esposa, pero aun ella le dio la espalda cuando le dijo: «Maldice a Dios y muéret». Seguramente esas palabras hicieron que él se sintiera como un fracasado.

Job era un hombre recto, que no se merecía pasar por ese dolor. Sin embargo, tuvo una actitud de aceptación; no se puso a pelear con Dios, no gastó su energía en lamentaciones o en cuestionar a Dios, ni le preguntó ¿por qué a mí?

Job tuvo la actitud correcta: aceptación ante las circunstancias que no podía cambiar. Y fue más allá: pasó de la aceptación a la adoración, cuando en un momento de suprema aflicción exclamó: «Jehová dio, Jehová quitó, ¡sea el nombre de Jehová bendito».

Job, al igual que Horatio Spafford y su esposa Ana, en lugar de cuestionar o maldecir, simplemente dijeron: «Estoy bien, tengo paz, gloria a Dio».

Yo también tuve una época en mi vida cuando sentí que lo había perdido todo: familia, trabajo, reputación, amistades... como consecuencia de mis malas decisiones. En el momento de más profundo dolor y soledad, en eso que llaman «la noche oscura del alm». cuando no se sienten fuerzas para seguir adelante y prefieres morir, en esos momentos le pedí a Dios que tuviera misericordia de mí y me quitara la vida porque ya no tenía una razón para vivir. Pero en esos momentos, Dios me recordó que su gracia y su perdón eran suficientes para cubrir todos mis pecados y todo mi dolor; me recordó que sus dones y su llamado son irrevocables, y que debía levantarme y seguir adelante.

Y de la misma manera, cualquiera que sea tu situación, por difícil que parezca el problema, por oscuro que se vea el horizonte, por tempestuoso que esté tu alrededor, recuerda que Dios te ama; Él fue quien te dio la vida, y solo Él tiene el derecho de tomarla. La vida es bella, vale la pena vivirla, Jesús está a tu lado y puedes decir confiadamente: «Cualquiera que sea mi situación, estoy bien, tengo paz en mi alma, ¡Gloria a Dios».

Es importante aclarar que, aunque debemos aceptar las cosas que no podemos cambiar, como la muerte de un ser querido, o ser despedidos de un trabajo; eso no significa que tengamos que conformarnos y quedarnos con los brazos cruzados, sin hacer nada. Hay muchas cosas que sí podemos hacer: podemos orar y estar agradecidos; podemos buscar alternativas y pedir ayuda; tomar el control de nuestra vida y cambiar las cosas que sí podemos. Lo fundamental, es tener una actitud correcta frente a los problemas de la vida. Wernher von Braun, ingeniero aeroespacial alemán, nacionalizado norteamericano después de la Segunda Guerra Mundial, dijo: «**Cuando lo creas todo perdido, no olvides que aún te queda el futuro, tu cerebro, tu voluntad y dos manos para cambiar tu destin**».

Alguna vez compartí un tiempo de preguntas y respuestas con Bill Bright, fundador de Cruzada Estudiantil y Profesional para Cristo, con presencia en 191 países y con la cual trabajé en Colombia, durante 18 años , en capacitación y desarrollo de líderes.

Ante aquel hombre con tanta sabiduría y quien, en su condición de líder mundial, enfrenta cada día también muchas dificultades que debe resolver en forma acertada, pregunté al Dr. Bright:

—¿Cuál ha sido el problema más difícil que usted ha enfrentado y cómo lo resolvió?

Reflejando una seguridad absoluta, me respondió:

—No he tenido problemas en mi vida; sólo he tenido oportunidades para ver la gloria de Dios.

Jamás olvidaré aquella respuesta.

Ese es el pensamiento que me gustaría que quedara en tu mente: que ese problema tan grande que tienes, en realidad no es un problema, sino una oportunidad para ver la gloria de Dios.

Entonces, mi querido amigo, amiga: levántate, no te quedes postrado en el dolor y la frustración; sigue hacia adelante: ACEPTA las cosas que no puedes cambiar, aprecia las cosas que tienes; lucha por lo que quieres y puedes cambiar y ¡VIVE TU SUEÑO!

Autoestima

La autoestima es la imagen que tú tienes sobre ti mismo. Es la suma de valores espirituales, intelectuales, culturales, morales y físicos, que tú crees poseer. Es la capacidad de amarte, aceptarte, valorarte y creer en tu potencial. En esa medida y en ese sentido, la autoestima es entonces un factor determinante para la realización de tus propósitos.

Tú puedes hacer grandes cosas, aunque nadie crea en ti, pero será muy difícil lograr cosas significativas si tú no crees en ti mismo. Charles Chaplin, uno de los artistas más reconocidos del humorismo y del cine mudo, afirmó: “El secreto está en tener fe en uno mismo. Incluso cuando estaba en el orfanato y recorría las calles buscando qué comer para vivir, me consideraba el actor más grande del mundo. Sin la absoluta confianza en uno mismo, uno está destinado al fracaso”.

Chaplin quedó huérfano a una edad temprana. Su padre murió de cirrosis, por causa del alcoholismo; y a su madre tuvieron que internarla en un hospital psiquiátrico, por una depresión nerviosa, además de sufrir desnutrición a causa de un cáncer de laringe.

En condiciones de extrema pobreza, obligado a deambular por las calles para encontrar su sustento, aun así, él presentía, estaba seguro de que llegaría a ser el actor más grande del mundo. Y de tal manera, después de vivir varios años en un orfanato, desempeñó diversos oficios: mensajero, soplador de vidrio y vendedor callejero. Posteriormente fue contratado por una compañía de teatro con la que empezó a realizar giras por diferentes pueblos de Inglaterra; actuando en cafés, circos y espectáculos musicales, con creciente éxito. Hasta que finalmente, Charles Chaplin, gracias a su fe en él mismo, superó todas las dificultades y alcanzó su sueño: ser uno de los mejores actores de todos los tiempos.

Henry Ford, fundador de Ford Motor Company, dijo: «**Tanto si piensas que puedes, como si piensas que no puedes, estás en lo ciert**». Es decir, ¿crees que puedes lograrlo? ¡Entonces lo harás! ¿Piensas que no puedes? También estás en lo cierto, ¡no podrás lograrlo!

Jesús dijo: «**Conforme a vuestra fe os sea hech**».(Mateo 9:29) ¿Tienes fe en Dios y en ti mismo? ¡El milagro puede suceder! Pero si, por el contrario, dudas de lo que puedes hacer y de lo que Dios puede hacer por ti; entonces, tú mismo estás bloqueando tu milagro y la realización de tus sueños.

Por eso, es muy importante que tú creas en ti mismo y en las capacidades que Dios te ha dado. No importa que tu comienzo haya sido difícil; es más, no importa en las condiciones que te encuentres ahora, ya que con constancia y determinación puedes tener la fe y la absoluta certeza de que, con la ayuda de Dios, tú también harás realidad tus sueños.

Hace un tiempo, estaba escuchando un video en el que Marcos Witt, el gran cantante y compositor de música cristiana, contaba una historia de cuando él era joven. Witt había invitado a una amiga a ir a un concierto y, cuando estaban haciendo la fila para entrar, se le ocurrió decirle: «Un día, la gente va a hacer fila para entrar a mis concierto». Marcos cuenta que la amiga soltó una carcajada burlándose de él. Recordando ese momento, añade: «fue la última vez que la invité a sali». En ese mismo video, Marcos Witt aconseja a los solteros que nunca se casen con alguien que no confíe en ellos o que se burle de sus sueños.

El tiempo pasó y Marcos Witt se convirtió en un reconocido cantante, ganador en varias ocasiones de los premios Grammy, en la categoría al mejor álbum de música cristiana en español.

Un día antes de un concierto en Bogotá, alguien de su equipo vino corriendo a decirle: «Marcos, Marcos, hay ríos de gente haciendo fila para entrar a tu conciert». Marcos cuenta que en ese momento le vinieron a su mente las burlas de su amiga, y pensó: ¡Si vieras lo que te perdiste, nena!

Marcos Witt no solo logró ser ese cantante que soñaba, sino que se casó con una mujer que era también líder de alabanza y que lo ha apoyado en la realización de sus sueños.

Al igual que Charles Chaplin, Marcos Witt creía que un día él iba a ser el mejor del mundo en lo que él hacía. Tú también tienes que creer que, con excelencia, dedicación y dando lo mejor de ti, puedes llegar a ser uno de los mejores, más cotizados y mejor pagados en el área que te desempeñas.

En la Biblia tenemos la historia de doce espías que fueron enviados a reconocer la tierra prometida; diez de ellos trajeron un informe negativo y desanimaron al pueblo diciendo: «No podremos tomar esa ciudad porque sus habitantes son más grandes y fuertes que nosotro».

Esta historia (Números 13-14) narra que estos diez espías se veían a sí mismos como langostas y a sus enemigos los veían como gigantes. Aquella manera de verse a sí mismos fue la causa de su desánimo y de que no quisieran realizar su sueño: tomar posesión de la tierra de abundancia que Dios les había prometido. Ellos querían designar un capitán y regresar a Egipto, la tierra de opresión donde habían vivido como esclavos durante 400 años.

Pero también se narra la historia de Josué y Caleb, quienes tuvieron una actitud diferente: ellos confiaban en Dios y sabían que Dios estaba con ellos y que, con su ayuda, podían derrotar a sus enemigos por grandes y fuertes que fueran. Ellos sabían que, si Dios es por nosotros, ¿quién contra nosotros? (Romanos 8:31).

De la misma manera, si tú te ves como una langosta o como un insecto, difícilmente podrás lograr entrar en la tierra prometida que Dios tiene para ti y mucho menos realizar los sueños que Dios ha puesto en tu corazón.

En el libro *Las 15 leyes indispensables del crecimiento personal*, escrito por John Maxwell, se menciona La Ley del espejo, cuyo enunciado dice que «debes aprender a ver el valor que tienes en ti mismo para que otros también te valore».

Y añade: «**Hasta que no sanes tu relación con la persona más importante en tu vida, que eres tú mismo, no podrás sanar tu relación con los demá**». Una de las mejores maneras de llevarnos bien con los demás es aprender a amarnos, valorarnos y aceptarnos a nosotros mismos; entonces seremos libres para amar y valorar a otros.

Para mejorar tu autoestima ten en cuenta las siguientes sugerencias:

1. **Aprende a verte como Dios te ve**: Eres hijo(a) del Dios Creador y Rey del Universo, fuiste creado a su imagen y semejanza, y eso significa que eres un príncipe o una princesa. Sangre real corre por tus venas, porque eres hijo del Rey de Reyes, quien todo lo puede y además quien puede hacer cualquier cosa a tu favor. Dios afirma en su palabra que tú eres la niña de sus ojos, su especial tesoro, su embajador y su representante aquí en la tierra.

2. **Procura hacer lo que es correcto, aunque no sea fácil**: La autoestima es la reputación que tienes de ti mismo. Es decir, tú construyes o derribas tu propia reputación con todo lo que haces o dejas de hacer. Por eso, aunque hayamos cometido errores en el pasado, nunca es tarde para rectificarlos y comenzar de nuevo.

3. **Procura lograr tus metas**: Cada vez que te colocas una meta grande o pequeña y la cumples a cabalidad, tendrás un sentido

de satisfacción y realización personal. Ese logro, te ayudará a aumentar la confianza en ti mismo y a intentar alcanzar nuevas alturas, colocando metas más altas y difíciles de lograr.

4. **Procura estar en paz con los demás:** Cuando tú mantienes buenas relaciones con las personas a tu alrededor, tendrás una sensación de ser amado, valorado y aceptado. Ese sentimiento te ayudará a enfrentar más fácilmente los desafíos que se te presenten en la vida. Hay muchas personas que viven dejando a su paso una estela de relaciones rotas, y luego, se lamentan de su soledad. No se dan cuenta de que ellos mismos han alejado a las personas con su enojo, mal carácter, falta de perdón o su indiferencia. Romanos 12:18 dice: «Si es posible, en cuanto dependa de vosotros, estad en paz con todos los hombre».
5. **Reemplaza tus creencias negativas por pensamientos positivos, llenos de fe y confianza en Dios y en ti mismo:** Estos versos contribuirán a fortalecer tu autoestima:

> «Te tomé de los confines de la tierra,
> te llamé de los rincones más remotos,
> y te dije: Tú eres mi siervo.
> Yo te escogí; no te rechac».
>
> Isaías 41:9

Piensa por un momento en la profundidad de esas palabras. Es como si Dios mismo te estuviera diciendo: «Aunque estabas alejado de mí, escondido en el último rincón de la tierra, allá fui a buscarte, te encontré, te llamé y te declaré: tú eres mi siervo, tú eres mi sierva. Yo te escogí, no te rechacé; aunque otros te repudiaron, yo te am». Así que, levántate, resplandece y ¡VIVE TU SUEÑO!

B

Bondad

La bondad es la inclinación a hacer el bien y por tanto nos induce a tratar a las personas con amabilidad. Cuando hablamos de bondad, es muy probable que a tu mente venga la imagen de La Madre Teresa de Calcuta, una mujer cuya vida y obra representan muy bien el ejercicio de la bondad y la misericordia, sobre todo con aquellos que en su entorno sufrían por abandono, enfermedad o miseria.

Ella decía: «La mayor enfermedad hoy en día no es la lepra ni la tuberculosis, sino la sensación de no ser amado, no sentirse cuidado y valorado, sino abandonado por todos. El mayor mal es la falta de amor, la falta de caridad y la terrible indiferencia hacia las personas que viven a nuestro alrededo».

Esa frase me impresionó profundamente porque desde que era muy pequeña, en mi interior ya vivía con esa sensación de no ser querida ni cuidada y me sentía completamente sola y abandonada.

Mi papá nos dejó cuando yo tenía cinco años y, en ese momento, mi madre estaba en embarazo de mi hermanita menor. Ella tuvo que irse a trabajar para poder sostenernos, razón por la cual crecí bajo el cuidado de mi abuelita y mis tías, quienes hicieron su mejor esfuerzo por satisfacer mis necesidades, pero no eran muy expresivas mostrando su cariño y afecto.

Esas palabras de la Madre Teresa, y la experiencia del dolor de la falta de amor en mi vida, me motivaron desde muy niña a amar a todas las personas que Dios colocara en mi camino, sin importar para nada su raza, condición, nacionalidad o religión.

La Madre Teresa también dijo: **«No debemos permitir que alguien se aleje de nuestra presencia sin sentirse mejor y más feliz que cuando se acercó a nosotro».** Ese debería ser un reto que nosotros estemos dispuestos a asumir, que podamos ser un instrumento en las manos de Dios para animar, motivar y ayudar a otros, no solo a sentirse mejor con ellos mismos, sino también a ser más felices. Porque, aunque es cierto que la felicidad está dentro de cada persona, nosotros podemos contribuir grandemente a la felicidad y al bienestar de las personas si somos bondadosos y les expresamos continuamente amor y aceptación incondicional.

El Nuevo Testamento nos da una breve descripción de la misión y el trabajo que Jesús realizó mientras estaba aquí en la tierra, cuando dice que «Anduvo haciendo el bien y sanando a todos los que estaban oprimidos por el diablo, porque Dios estaba con é».(Hechos 10:38).

1 Juan 2:6 nos dice: «que nosotros también debemos andar como Él anduv». Es decir, que debemos seguir sus pasos e imitar su comportamiento, siendo instrumentos en las manos de Dios, siendo su boca, sus manos y sus pies para llevar amor, sanidad, restauración, gozo y salvación a través de nuestras palabras y nuestras acciones.

Otro de los pensamientos que me motivan a hacer el bien y a llevar una palabra de motivación y esperanza a través de la radio, seminarios, grupos de crecimiento y todo lo que hacemos en mi empresa, es la frase del escritor y filósofo Henry David Thoreau, cuando dijo: **«Casi todas las personas viven vidas de callada desesperació».**

¿Y saben qué? Es verdad, a donde quiera que voy, con quien quiera que hable, muchas de esas personas llevan profundas heridas y un amargo dolor en su corazón. Han sido lastimados por las palabras y acciones de otros o incluso por sus propias fallas y errores. Y como consecuencia, viven amargados y enojados, siendo agresivos o indiferentes hacia los demás, y por eso los juzgamos duramente, pero lo que muchas veces no entendemos es que ellos actúan de esa manera como una forma de protección para no exponerse a nuevas heridas.

Eso me recuerda la historia del hombre sabio que estaba en la orilla de un río tomando el sol y observó que, entre las piedrecitas bañadas por el agua cristalina, un alacrán estaba intentando salir. La corriente del agua era demasiado fuerte para ese pequeño animal. El sabio se dio cuenta de que el alacrán se estaba ahogando y decidió sacarlo del agua; pero, cuando lo hizo, el alacrán le picó.

Al sentir el dolor, soltó al alacrán, y el animalito cayó al agua y de nuevo comenzó a ahogarse. El sabio se compadeció del pequeño animal e intentó sacarlo del agua otra vez, y de nuevo el alacrán le picó.

Alguien que estaba observando, se acercó al sabio y le dijo:

—Perdone, Maestro, ¿No se da cuenta de que cada vez que intente sacar al alacrán del agua, este le picará?

Y el sabio respondió:

—¡La naturaleza del alacrán es picar, pero eso no va a cambiar la mía, que es ayudar!

Y ayudándose de una hoja, el maestro sacó al animalito del agua y le salvó la vida.

Desafortunadamente, hay muchas personas a nuestro alrededor que están lastimadas; hay muchas personas cuya naturaleza es picar, ofender y lastimar con sus palabras, sus gestos, su indiferencia o sus acciones. Pero eso no debe cambiar tu naturaleza, que es amar, ayudar, ser bondadoso, hacer el bien y servir a todos sin importar a quién.

En la casa que la Madre Teresa fundó para los niños pobres y huérfanos, en Calcuta, se cuenta que hay un letrero colgado en la pared, que dice:

«Las personas son irrazonables, ilógicas y centradas en sí mismas,
ÁMALAS DE TODAS MANERAS
Si haces el bien, te acusarán de tener motivos egoístas,
HAZ EL BIEN DE TODAS MANERAS
Si tienes éxito ganarás falsos amigos y verdaderos enemigos,
TEN ÉXITO DE TODAS MANERAS
El bien que hagas hoy se olvidará mañana,

HAZ EL BIEN DE TODAS MANERAS
La honestidad y la franqueza te hacen vulnerable,
SÉ HONESTO Y FRANCO DE TODAS MANERAS
Lo que te tomó años en construir puede ser destruido en una noche,
CONSTRUYE DE TODAS MANERAS
La gente necesita ayuda, pero te podrían atacar si lo haces,
AYÚDALES DE TODAS MANERAS
Dale al mundo lo mejor que tienes y nunca será suficiente,
DA AL MUNDO LO MEJOR DE TI, DE TODAS MANERA».

Hagamos el bien y seamos bondadosos DE TODAS MANERAS; porque, aunque la gente no lo aprecie, ni te lo agradezca, si tú lo haces por amor a Dios y amor a tu prójimo, tarde o temprano Dios te dará la recompensa porque ¡Él siempre te ama, te cuida y te bendice de todas maneras!

Es como la historia que se narra en uno de los videos más populares que hay en YouTube. Este video ha sido calificado como uno de los anuncios más bonitos y conmovedores del mundo. Se titula: *La importancia de dar* (*The Importance of Giving*), subtitulado al español. (https://youtu.be/z_LkzRLFtsU?si=RLCzqDpisk9qyAA0)

Se trata de la historia de un niño tailandés que es sorprendido en una farmacia robando varios medicamentos. La dueña de la farmacia sale tras él gritándole, tratándole de muy mala manera, y le quita todos los analgésicos que el niño había robado.

En ese momento, el propietario de un restaurante ubicado al frente de la farmacia, y que estaba observándolo todo, se acercó al niño y a la señora que lo estaba gritando y descubre que las medicinas son para la madre del niño que está enferma. El hombre decide pagar las medicinas y le pide a su hija pequeña, que trabaja con él en el restaurante, que le traiga una bolsa con sopa de vegetales para que el niño la pueda llevar a su madre.

Treinta años después, el dueño del restaurante cae enfermo e ingresa en el hospital. Cuando a su hija le llega la factura de los gastos médicos, desesperada, sin poder hacer frente a tan altos costos, se ve obligada a poner en venta el restaurante. Cuando la joven habla con el médico, el doctor se da cuenta de quién es ella y que el paciente, es decir, el padre de ella, es el dueño del restaurante que treinta años atrás había pagado los medicamentos que él había robado para su madre.

Al día siguiente, cuando la joven, que se había quedado dormida junto a la cama de su padre, se despierta, ve un sobre a su lado. Lo toma, lo abre y se encuentra que los gastos médicos ya habían sido pagados: junto a la cuenta, con un balance en 0, hay una nota que dice: «Todos los gastos médicos fueron pagados hace 30 años, con tres paquetes de analgésicos y una bolsa de sopa de vegetales. Saludos cordiales, Dr. Prajak Arunthon».

Ese niño ahora convertido en médico, tuvo la oportunidad de recompensar al hombre por su generosidad.

Esta historia nos recuerda que una de las principales razones para practicar la bondad es el principio de la siembra y la cosecha: «Lo que siembras, recoge». El bien que hagas, tarde o temprano, se te volverá multiplicado en una gran cosecha de bendición sobre tu vida: «No nos cansemos, pues, de hacer el bien; porque a su tiempo segaremos, si no desmayamos. Así que, según tengamos oportunidad, hagamos bien a todos, y mayormente a los de la familia de la f». (Gálatas 6:9-10)

Por eso, ser bondadosos es uno de los elementos esenciales para lograr el éxito y hacer que nuestros sueños sean una realidad. La Madre Teresa dijo: **«Un día vivido sin hacer algo bueno por los demás, es un día que no vale la pena vivirl».**

Quiero animarte para que cada día realices por lo menos un acto de bondad y amor hacia las personas que Dios ponga a tu alrededor. Un paso de acción para comenzar a colocar en práctica la bondad, podría ser el consejo de La Madre Teresa: **«Haz las cosas pequeñas con gran amo».**

No siempre podemos hacer grandes obras, pero sí podemos hacer nuestras tareas diarias, como cocinar, lavar, limpiar, cuidar los niños, trabajar o ayudar a alguien, con gran amor hacia Dios y hacia nuestros semejantes.

Me encanta la oración tan conocida de San Francisco de Asís, que dice:

«Oh, Señor, hazme un instrumento de tu Paz.
Donde haya odio, que lleve yo el Amor.
Donde haya ofensa, que lleve yo el Perdón.
Donde haya discordia, que lleve yo la Unión.
Donde haya duda, que lleve yo la Fe.
Donde haya error, que lleve yo la Verdad.
Donde haya desesperación, que lleve yo la Alegría.
Donde haya tinieblas, que lleve yo la Luz.

Oh, Maestro, haced que yo no busque tanto
ser consolado, sino consolar;
ser comprendido, sino comprender;
ser amado, sino amar.
Porque es:
Dando, que se recibe;
Perdonando, que se es perdonado;
Muriendo, que se resucita
a la Vida Etern».

Hagamos de esa oración nuestra petición de corazón. Que Dios nos permita cada día vivir intencionalmente, siendo bondadosos no solo con nuestros amigos, sino aún con nuestros enemigos; con aquellos que no nos quieren y desean nuestro mal. Que Dios en su gracia, nos permita llevar siempre un mensaje de amor, perdón, reconciliación y esperanza, para que haciendo el bien logres el éxito y ¡¡VIVAS TU SUEÑO!!

C

Constancia y Consistencia

La constancia se define como la firmeza y perseverancia del ánimo, y es una cualidad indispensable en nuestra vida si queremos tomar acción de forma continúa y con determinación para alcanzar nuestras metas.

Y si le sumamos la consistencia a la constancia, que se fundamenta en realizar acciones coherentes con nuestros objetivos, entonces estaremos creando el ambiente propicio para llevar a feliz término cualquier proyecto.

Un informe de la Asociación Nacional de Ejecutivos de Ventas, en los Estados Unidos, decía que el 80% de las ventas se hacen después de la quinta visita al mismo cliente; el 48% de los vendedores hacen una sola visita, y si no compra, descartan al cliente; el 25% de los vendedores se rinde después de la segunda visita; el 12% de los vendedores hace 3 visitas y luego se dan por vencidos; el 10% de los vendedores persevera, haciendo tantas visitas como sea necesario, hasta lograr cerrar la venta. Solamente quienes están dispuestos a perseverar, a pesar de que reciban muchos NO por respuesta, son los que logran sus objetivos.

La mayoría de nosotros hemos escuchado sobre lo que hizo el coronel Sanders para construir el imperio de Kentucky Fried Chicken, más conocido como la cadena de restaurantes de comida rápida KFC.

El coronel Harland Sanders era un hombre jubilado, que comenzó a ofrecer la franquicia de su receta de pollo cuando tenía 65 años. La historia de su vida es muy inspiradora.

Cuando tenía seis años, su padre murió y la madre tuvo que irse a trabajar para poder sostener a sus hijos. Harland, al ser el hermano mayor, tuvo que hacerse cargo de cocinar para sus hermanitos. A la edad de siete años ya era un experto cocinando.

A la edad de diez años, consiguió su primer trabajo en una granja, ganando tan solo dos dólares mensuales. Después trabajó como conductor, como bombero en el ferrocarril, estudió leyes por correspondencia y trabajó como juez. Más tarde, por un grave problema que tuvo con un cliente, dejó su carrera de abogado y comenzó a vender seguros. También vendió llantas y trabajó en gasolineras.

A la edad de 40 años, empezó a cocinar para los viajeros hambrientos que se paraban en una gasolinera en Kentucky donde él trabajaba. En ese momento no tenía un restaurante, sino que servía a sus clientes en su propia mesa de comedor, dentro de las instalaciones de la gasolinera.

A partir de entonces, la gente empezó a ir solo a comer. Sanders se cambió a un motel y restaurante con comedor para 142 personas, situado en frente de la gasolinera. Con el tiempo construyeron una nueva carretera y, al darse cuenta que eso acabaría con su negocio, decidió venderlo. Al terminar de pagar sus cuentas, solo le quedó, para su mantenimiento, $105 dólares mensuales del cheque del seguro social.

Fue entonces cuando decidió viajar en su automóvil a través del país, ofreciendo y cocinando su receta de pollo en diferentes restaurantes, con la idea de que si a los dueños les gustaba y decidían venderlo, le darían cinco centavos por cada pollo vendido.

Se dice que fue rechazado 1009 veces y, durante ese tiempo, tuvo que dormir en su automóvil. Pero, de pronto, un milagro sucedió cuando alguien le dijo que sí a su receta de pollo y a su solicitud de apoyo económico.

En 1964, el Coronel Sanders tenía 600 establecimientos con su receta de pollo en los Estados Unidos y Canadá. Ese mismo año, vendió sus acciones por 2 millones de dólares a un grupo de inversionistas. El Coronel permaneció dentro de la compañía en calidad de orador y trabajando en relaciones públicas. Una encuesta independiente, en 1976, colocó al Coronel como la segunda celebridad más reconocida a nivel mundial. En 1986, una compañía compró a KFC por aproximadamente 840 millones de dólares.

En 1997, KFC tenía más de 6000 restaurantes y estaba operando en más de 100 países alrededor del mundo. Hasta su muerte, en 1980, a causa de una leucemia, a la edad de 90 años, el Coronel había viajado más de 250.000 millas por año, visitando el imperio de KFC que él mismo había iniciado.

Y todo comenzó con un hombre retirado de 65 años, una receta de pollo y un cheque de $105 dólares mensuales. Pero, sobre todo, con un hombre que fue constante y se negó a aceptar un NO como respuesta.

El Coronel Sanders, con su tradicional traje blanco, fue un hombre que se aferró a su sueño y tuvo la disposición de escuchar la palabra NO, un poco más de mil veces y, aun así, continuar tocando puertas, una y otra vez, con la certeza de que algún día escucharía el SÍ que tanto anhelaba y, entonces, podría hacer realidad su sueño.

Tal vez tú tienes un gran sueño, un deseo de tener tu propio negocio y, tal vez, lo has intentado, pero en el camino has encontrado oposición, te has desanimado y, quizás, sientes que ya no tienes fuerzas para luchar por ese sueño.

No te des por vencido, sigue intentándolo; no te rindas. Ve con constancia, síguele ofreciendo al mundo esos talentos tan maravillosos que tienes para dar, hasta que el milagro suceda y encuentres a alguien que esté dispuesto a darte su apoyo para que puedas hacer tu sueño realidad.

Además, debes saber que no estás solo(a); Dios está contigo y Él te dice: **«He aquí, yo he puesto una puerta abierta delante de ti la cual nadie puede cerra»**.(Apocalipsis 3:8). Esa fue la promesa que apropié para mi familia al llegar a los Estados Unidos y, aunque al comienzo, muchas puertas se cerraron, al final, Dios abrió una puerta para que pudiéramos permanecer legalmente en ese país.

Cuando llegué con mi familia a los Estados Unidos, con una visa de turistas, comenzamos a tocar diferentes puertas, mirando la posibilidad de quedarnos a trabajar como misioneros en ese país. Empezamos a visitar iglesias y, aunque en algunas había la posibilidad de que pudiéramos trabajar con ellos, nada de eso se concretó.

Entonces, consideramos la posibilidad de estudiar en un Seminario Teológico y obtener una visa de estudiantes. Aplicamos para un Seminario en Mississippi y, aunque fuimos aceptados y teníamos las maletas listas para viajar, al final no conseguimos toda la ayuda financiera que necesitábamos para ingresar.

Les confieso que para ese tiempo ya estaba un poco desanimada. Sin embargo, todos los días declaraba la promesa de Dios de que Él había puesto una puerta abierta delante de nosotros, la cual nadie podría cerrar. Mientras tanto, hice de todo un poco, con mucho amor, limpié casas, cuidé niños, fui maestra de preescolar y tutora de español.

Pero al mismo tiempo, estaba estudiando inglés con constancia y determinación. Todos los días estudiaba una hora por la mañana, antes de comenzar a trabajar, y una hora en la noche, después de salir del trabajo. La mayoría de las veces me quedaba dormida, rendida de cansancio, encima del libro y escuchando cassettes o CDs en inglés, que era lo que se usaba en ese tiempo.

Todos los días, escuchaba mensajes o veía programas de televisión, especialmente predicaciones de Joyce Meyer, en inglés, estudiaba con diligencia y así fue como logré alcanzar el nivel de inglés necesario para obtener las certificaciones que me han permitido desarrollar mi trabajo como pastora, coach de vida y asesora financiera.

Así que, mi experiencia me permite decirte que si perseveras en trabajar inteligentemente para lograr tus metas, con la ayuda de Dios podrás realizar aquello que tanto anhelas.

Muchas personas son muy creativas y tienen excelentes ideas; comienzan con mucho entusiasmo y, al poco tiempo, ante cualquier crítica u obstáculo, se desaniman y dejan todo tirado. Yo misma, en alguna ocasión he sido culpable de eso; no nos damos cuenta de que estábamos a punto de lograr nuestros objetivos, y que tan solo nos faltaba una dosis extra de determinación para triunfar.

Pregúntate: ¿En dónde estaría hoy si hubiera continuado ese proyecto que comencé hace mucho tiempo? Hagámonos esa pregunta, no para afligirnos, sino para tomar la decisión de hacer un cambio radical de ahora en adelante: ser una persona que termina lo que comienza.

Conviértete en una persona CONSTANTE y CONSISTENTE, perseverante; que no importa cuántas veces te digan que No, tú sigues hacia adelante, buscando que, con el favor de Dios, esa puerta finalmente se abra y tú también ¡¡VIVAS TU SUEÑO!!

Diligencia

La diligencia es la cualidad del carácter que nos lleva a dar lo mejor de nosotros y a realizar nuestras tareas con dedicación, prontitud y excelencia. La diligencia es lo contrario a la negligencia y a la pereza.

Aprendí acerca de la diligencia desde una edad temprana. Mi madre colocó en mi cuarto una biblioteca con muchos libros y, entre ellos, había un libro pequeño, *La Carta a García*, que desde que lo leí me llamó mucho la atención.

La Carta a García, de Elbert Hubbard, es una reflexión que cuenta una historia que sucedió durante la guerra de la Independencia de Cuba. El presidente de los Estados Unidos decidió intervenir a favor de Cuba, pero para eso necesitaba comunicarse con el jefe del ejército cubano, el General Calixto García. El problema era que nadie sabía en qué lugar de la isla, en medio de las montañas, se encontraba el General.

Alguien le dijo al presidente McKinley que si existía una persona en el mundo capaz de encontrar al General García esa era Rowan. De inmediato mandaron a buscar a Rowan y le dieron la carta que debía entregar al General García, cueste lo que cueste, sin importar el tiempo o los sacrificios que tenga que hacer. Lo importante era que la carta llegara a su destino.

Rowan tomó la carta y la escondió en un bolsillo interior. A los pocos días desembarcó en Cuba, que en ese momento seguía siendo una colonia española. Rowan desaparece en la selva tenebrosa y nadie vuelve a tener noticias de él. Aparece tres semanas después al otro extremo de la isla. Rowan había encontrado al General García y había cumplido fielmente su misión de entregarle la carta.

Gracias a Rowan, el presidente de los Estados Unidos y el general cubano lograron coordinar esfuerzos para ganar la guerra y conseguir la independencia para Cuba.

Sin embargo, la parte más sobresaliente de esta historia, es la actitud que tuvo Rowan desde el comienzo para cumplir con la tarea encomendada. Cuando Rowan recibió la carta y el encargo de entregarla al General García, no cuestionó mil cosas sobre su cometido…

Rowan no preguntó: ¿García? ¿Dónde voy a encontrar al tal García?, ¿será peligroso?, ¿por qué me mandan a mí y no a otro?, ¿cuánto me van a pagar?, etc.

Rowan no argumentó, ni se quejó, simplemente recibió su tarea y de inmediato se puso en acción para cumplir su misión con decisión.

Elbert Hubbard dice que a Rowan se le debería construir una estatua de bronce y colocarla en la entrada de todas las universidades o instituciones, como recordatorio de que el verdadero carácter de una persona está determinado, en gran parte, no solo por sus conocimientos o habilidades, sino por la manera diligente, íntegra y excelente de realizar su trabajo.

Tristemente, la mayoría de las personas realizan un trabajo mediocre, sin ganas, ni esfuerzo, ni dedicación, y como resultado tienen una vida mediocre. Sus resultados son escasos, e incluso eso se refleja en sus cuentas bancarias.

Los mediocres nunca son promovidos en su trabajo, ya que, teniendo las habilidades necesarias, no tienen una actitud de entusiasmo y dedicación.

La Biblia dice: «**El alma del perezoso desea, y nada alcanza; mas el alma de los diligentes será prosperad**».(Proverbios 13:4)

Si queremos ser prosperados, lograr nuestros sueños y tener éxito, debemos realizar nuestro deber, cualquiera que sea, con todo nuestro empeño. Ningún trabajo es una deshonra; todo trabajo debe ser realizado con amor, dedicación, excelencia y, además, ¡¡sin quejarnos!!

Cuando fui maestra de español, en una escuela de Estados Unidos, me percaté de lo fácil que es quejarnos sin darnos cuenta.

Un día en particular, los jóvenes de una clase no estuvieron muy atentos a lo que les estaba enseñando. Salí del salón y mientras caminaba por el pasillo, iba pensando: "Dios mío, qué estudiantes tan indisciplinados, qué difícil este trabajo, no me gusta este trabajo". En lugar de preguntarme: ¿cómo podía hacer la clase más amena para mis estudiantes? Estaba quejándome de ellos, de mi trabajo y hasta de mi vida en general.

De repente, cruzó un pensamiento por mi mente: Claudia, ¿sabes que muchas personas darían cualquier cosa por tener este trabajo que tú tienes?

Me sentí avergonzada de mí misma, porque en lugar de estar contenta porque tenía trabajo, tenía una actitud de queja e ingratitud. Es más, la mayoría de mis alumnos eran maravillosos, juiciosos y muy atentos, pero yo me estaba quejando por un pequeño grupo que estaba distraído. El problema era más mi actitud que la de mis alumnos. Y, a partir de ese momento, comencé a estar mucho más agradecida por el privilegio de tener ese trabajo.

Y tú, quizás también te sientes frustrado por tu trabajo; pero te animo para que pienses en todas las personas a tu alrededor que no tienen trabajo y que darían cualquier cosa por tener el trabajo que tú tienes. Así que, cambia tu actitud de queja por gratitud y realiza tu trabajo con gozo, diligencia y excelencia. Y, si definitivamente no te gusta tu trabajo, deja de quejarte y comienza a buscar un trabajo que sea más satisfactorio para ti.

El autor de *La Carta a García*, Elbert Hubbard, nos sugiere que probemos su afirmación de «Si el progreso no nos llega es porque no se encuentran personas dispuestas a cumplir sus deberes con entusiasmo y, hasta, con sacrifici».

Él nos sugiere llamar a uno de nuestros empleados y decirle: «Por favor, consulte la enciclopedia y haga un resumen de la biografía de Correggi». ¿Cree usted que su ayudante dirá: «Sí seño».y de inmediato pondrá manos a la obra? Pues no lo crea. Lo más probable es que se extrañe y hará una o varias de las siguientes preguntas:

—¿Correggio? ¿Quién era él? ¿En qué enciclopedia busco eso?

—¿Está usted seguro de que eso está entre mis deberes?

—¿Por qué no ponemos a Carlos a que busque eso?

—¿Lo necesita usted con urgencia o lo podemos dejar para la semana entrante?

—¿Quiere que le traiga el libro para que usted mismo busque allí lo que necesita?

El autor de esta reflexión de *La Carta a García* dice que, muy probablemente, el empleado encargado de la tarea buscará a otra persona para hacerlo y, como no va a encontrar a nadie dispuesto, regresará días después para excusarse de no haber podido realizar el trabajo. Finalmente, y después de un largo tiempo de espera y frustración, el jefe terminará haciendo la tarea.

Desafortunadamente, hoy en día, hay tanta pereza que da tristeza, porque de esa manera, nadie progresa: ni su familia, ni la empresa en donde trabaja, ni la Iglesia y, mucho menos, la sociedad. Como solía decir mi abuelita, que murió a la edad de 108 años, «Por eso estamos, como estamo». por la falta de diligencia y excelencia en todo lo que se hace.

Otro ejemplo, es el de Luis, un empleado quien entra al despacho de su jefe y le pregunta por qué Pedro consiguió ser promovido en el trabajo si es más joven, tiene menos experiencia y menos tiempo en el trabajo que él.

Su jefe le dice:

—Antes de responder su pregunta, hágame un favor: Usted sabe que el próximo lunes tenemos un almuerzo en la reunión de la empresa. Bien, para la bebida quiero hacer una limonada, por favor, consígame los limones.

Luis se va y regresa a las dos horas, diciendo que no encontró limones en la tienda más cercana.

El jefe llama a Pedro y le da las mismas instrucciones. Pedro regresa en media hora diciendo:

—No hay limones, pero hay naranjas, melón, piña y sandía. Las naranjas están en cosecha y con un precio especial; así que ya dejé encargado un bulto de naranjas para ese día, a no ser que usted tome una decisión diferente.

El jefe se dirige a Luis, que todavía continúa en su oficina, y le dice:

—¿Se da cuenta por qué Pedro fue promovido?

Y la actitud de Pedro, de ser diligente, tomar la iniciativa y cumplir con la tarea encargada con prontitud y de la mejor manera es lo que los jefes y supervisores buscan en sus empleados.

Quiero animarte para que seas como Pedro, que no hace las cosas a medias, de mala gana o simplemente para recibir un salario. Ya que, como bien dijo Elbert Hubbard: «Las personas que nunca hacen más de lo que se les paga, nunca obtienen pago por más de lo que hace». En otras palabras, **«aquellos que no hacen más y mejor que lo que se espera de ellos, nunca serán promovidos y nunca tendrán mejor paga por su trabaj».**

También leí la historia de un carpintero que estaba a punto de retirarse de su trabajo, después de 40 años de servicio en la misma empresa. El carpintero le comunicó a su jefe la decisión de dejar la construcción para llevar una vida más placentera junto a su esposa y así poder disfrutar los últimos años de su vida.

El jefe le manifestó su tristeza por perder a su mejor empleado, y le pidió que, por favor, antes de retirarse, le construyera una última casa. El carpintero accedió por compromiso. Pero ya se sentía cansado y no puso mucho esmero ni entusiasmo en el trabajo, como lo había hecho en épocas anteriores. Así que la construcción no se veía muy bien, no puso mucho cuidado a los detalles e incluso los materiales que usó eran de inferior calidad.

Una vez finalizado el trabajo, el carpintero llamó a su jefe para entregarle la obra. Juntos hicieron un recorrido por la casa, y al finalizar, el jefe le entregó al empleado las llaves de la puerta y le dijo:

—Querido amigo, esta casa es tuya. Es mi regalo por todos los esfuerzos que pusiste en la empresa, durante los últimos 40 años.

El carpintero, con las llaves en sus manos y sus ojos llenos de lágrimas, agradeció el regalo, pero se sintió avergonzado, como nunca antes por esa actitud que le llevó a cometer ese tremendo error. ¡Qué desafortunada manera de terminar su carrera! Si el carpintero hubiese sabido que estaba construyendo su propia casa, la habría hecho con mucha más dedicación. Ahora, no tenía otra opción que vivir en la casa que él mismo había construido, y no precisamente de la mejor manera.

Lo mismo se puede aplicar a nosotros. Construimos nuestras vidas de manera distraída, haciendo las cosas de cualquier manera, cuando deberíamos poner la máxima atención y cuidado.

Muchas veces, no damos lo mejor en nuestro trabajo, a nuestra familia, a nuestros amigos. Y no nos damos cuenta de que tenemos la vida que nosotros mismos hemos construido.

El lugar donde nos encontramos hoy es el resultado de nuestras actitudes y elecciones del pasado; pero eso no tiene que determinar dónde nos encontraremos mañana. Nuestra vida mañana será el resultado de nuestras actitudes y decisiones a partir de hoy.

La Biblia dice: **«La mano negligente empobrece; mas la mano de los diligentes enriquec».**(Proverbios 10:4).

Hoy te invito para que seas diligente y realices tu trabajo con toda entrega y amor, como si fuera para Dios y no para los hombres (Colosenses 3:23-24). Sabiendo que un día, no muy lejano, tu recompensa vendrá de parte de Dios y podrás regocijarte al mirar hacia atrás y tener la certeza de que siempre procuraste dar lo mejor de ti y hacer todo con excelencia e integridad.

A este respecto, podemos leer en Efesios 5:15-16: **«Mirad, pues, con diligencia cómo andéis, no como necios sino como sabios, aprovechando bien el tiempo, porque los días son malo».**

La diligencia es una actitud que nace del amor: amor a Dios, amor al prójimo y amor a ti mismo. Ser diligentes es entender que estamos aquí en esta tierra para cumplir con una misión; tal vez esa misión no sea llevar La Carta a García, o construir nuestra propia casa, como el carpintero. Pero tu misión, cualquiera que sea: barrer, cocinar, limpiar los baños, cuidar a tus hijos, ser empleado o dirigir una empresa, ser líder o pastorear una iglesia; asegúrate de realizarla con entrega, diligencia y toda la pasión de tu corazón.

De esa manera, serás próspero y podrás escuchar esa voz del cielo, que te dirá: **«Bien, buen siervo y fiel, en lo poco has sido fiel, en lo mucho te pondr».**(Mateo 25:23).

Una acción recomendable para estimular la diligencia podría ser: ofrece ayuda adicional a tu jefe o a tu pareja y hazlo con mucha amabilidad y amor.

Sé diligente, trabaja con pasión y entrega; cumple tu misión con diligencia y prontitud, sin quejas ni reclamos y ¡¡VIVE TU SUEÑO!!

Determinación

La determinación es la decisión firme de lograr un objetivo. Una persona con determinación encuentra la manera para cumplir lo que se propone, incluso frente a un panorama complicado o con pocas oportunidades.

Tommy Lasorda, Coach y miembro del Salón de la Fama del Baseball, dijo: **«La diferencia entre lo imposible y lo posible radica en la determinación de un hombr»**.

Y eso me lleva a recordar una de mis historias favoritas. Se trata del pastor de California Robert Shuller, ya fallecido. Este pastor tenía el deseo de construir una hermosa catedral. En su mente, él veía una catedral de cristal, es decir, que todas las paredes y el techo fueran de cristal. Su anhelo era que, cuando la gente estuviera alabando a Dios, pudiera contemplar a través de los cristales, la grandeza y la belleza de la creación de Dios.

Se cuenta que cuando el pastor Robert Shuller presentó esta idea a su arquitecto, este se rió de él y le dijo que eso era imposible; que eso nunca se había hecho. Pero el pastor Shuller estaba determinado a construir una catedral con paredes de cristal.

Entonces, el pastor ofreció su diccionario al arquitecto y le pidió que buscara la palabra «imposibl». El arquitecto comenzó a buscar y al no hallar la página donde debía estar dicha palabra, le dijo:

—Pastor, aquí falta la hoja donde debe aparecer la palabra *imposible*.

El pastor contestó:

—Sí, yo arranqué esa hoja; pues para Dios ¡no hay nada imposible!

Y en efecto, el arquitecto y su equipo pudieron diseñar y construir una hermosa catedral con paredes de cristal en Los Ángeles, California. La Catedral de Cristal fue terminada en 1981, tiene una capacidad aproximada de 3000 sillas y, al escribir esto, estaba catalogada como el edificio de cristal más grande del mundo. Además, figura como uno de los sitios turísticos más visitados en esa área de California.

Tuve el privilegio de estar allí y, de verdad, que es hermosa. Estar adentro alabando a Dios y, al mismo tiempo, contemplando el firmamento y la belleza de la creación, es una experiencia maravillosa.

Para nuestro Dios no hay nada imposible; pero nosotros tenemos que tener la determinación y la fuerza de voluntad suficientes para hacer la parte que a nosotros nos corresponde.

Hace algún tiempo vi una película que me parece que ilustra muy bien la determinación. Se trata de *Million Dollar Baby*, el nombre que se le dio en español es *Golpes del Destino*. Relata la vida de una joven, Maggie, cuyo sueño es convertirse en boxeadora profesional.

Para eso, busca a un conocido entrenador que tiene un gimnasio y le pide que la entrene. Él se niega rotundamente diciendo que ya está a punto de retirarse y que, además, no entrena a mujeres porque ese es un deporte para hombres.

Sin embargo, aunque ella trabajaba todo el día en un restaurante, al salir en la noche, iba al gimnasio a entrenar, sin importarle que el entrenador la ignoraba por completo.

Con el tiempo, al ver la determinación de esta joven, el entrenador decide darle una oportunidad y comienza a dirigir sus prácticas. Muy pronto, ella comienza a ganar varias peleas, a viajar por Europa, hasta hacerse famosa y ganar mucho dinero.

Desafortunadamente, en una de sus peleas, su contrincante la atacó por la espalda, causándole una fractura en la columna que la deja en una silla de ruedas para el resto de su vida.

A pesar de esa tragedia, Maggie se siente feliz y realizada, ya que pudo lograr su sueño de convertirse en una boxeadora profesional y, además, viajar por el mundo.

Esta dolorosa historia nos enseña que no importa cuán difícil sea, cuánta oposición tengas que enfrentar, aunque otros no crean en ti y aunque recibas duros golpes y traiciones en tu vida, tú puedes hacer tus sueños realidad, si tienes la determinación de seguir adelante, a pesar de los obstáculos.

El atleta, cardiólogo y escritor George A. Sheehan dijo: **«El éxito significa tener el coraje, la determinación y la voluntad de convertirse en la persona que usted cree que estaba destinado para se»**.

Tenemos que levantarnos cada mañana con determinación, para acostarnos cada noche con satisfacción. Uno de los sentimientos más agradables que podemos experimentar es la satisfacción del deber cumplido; pero para eso, necesitamos determinación, fuerza de voluntad y, por supuesto, la ayuda de Dios.

La Biblia dice: **«Determinarás asimismo una cosa, y te será firme, y sobre tus caminos resplandecerá la lu».**(Job 22:28).

Cuando determinamos algo, debemos ser firmes y proseguir hasta el final; de esa manera, obtendremos el éxito y la luz de Dios resplandecerá sobre nuestras vidas.

Caleb fue uno de los dos espías que trajo un informe positivo cuando Moisés envió doce espías a reconocer la Tierra Prometida. (Josué 14:6-14)

Diez de los espías trajeron un informe negativo e hicieron desfallecer el pueblo. El tiempo pasó y toda una generación murió en el desierto, por causa de su incredulidad. De esa generación, solamente Josué y Caleb lograron entrar a la Tierra Prometida.

Pasados 45 años, Caleb tenía 85 años, cuando se acerca a Josué, que era el líder en ese momento, y le pide que le entregue la parte que le corresponde de la Tierra Prometida. Caleb se siente con tanta energía como cuando tenía 40 años.

Caleb le dice a Josué: «¡¡Dame pues ahora este monte!».Caleb creía que si Dios estaba con él, podía echar fuera a sus enemigos y conquistar ese monte para él y su familia.

Caleb no se dejó intimidar por su edad; él nunca renunció a su sueño; se mantuvo firme en la promesa que Dios le había dado a través de Moisés, de que todo lo que pisara la planta de sus pies iba a ser suyo. Caleb estaba determinado a no morir sin haber reclamado y disfrutado de su Tierra Prometida.

Eso es *determinación*; estar dispuesto a luchar por tus bendiciones, reclamando las promesas de Dios sobre tu vida, sin dejarte desanimar por nada, ni nadie.

¿Cuál es ese monte que tú quieres conquistar? Tal vez has pedido a Dios un deseo; un sueño que hay en tu corazón; una pareja o un hijo, o que restaure tu hogar o tu salud; o tal vez le has pedido un trabajo o los documentos legales para trabajar. Sin embargo, como no has recibido respuesta, te has desanimado.

No pierdas el ánimo, mantén la fe y la esperanza. Es más: reclama tu tierra prometida. Acércate a Dios, con humildad, pero con determinación; clama a Él y dile: «Padre, dame tu bendición, dame ese trabajo, dame ese hijo, dame esa pareja, concédeme ese sueño que hay en mi corazón si eso está dentro de tu perfecta voluntad para mi vid».

La Palabra de Dios dice: **«Pedid y se os dará, buscad y hallaréis, llamad y se os abrir».**(Mateo 7:7). Si tu oración es débil, si no estás determinado a clamar hasta que llegue tu respuesta, difícilmente vas a lograr hacer realidad tus sueños. Pide con insistencia, y a la vez trabaja dando lo mejor de ti, con la determinación de no descansar, hasta que Dios te dé una respuesta a tus oraciones.

De la misma manera que Caleb conquistó ese monte a la edad de 85 años, muchos otros personajes de la historia realizaron grandes logros, a una edad avanzada: Miguel de Cervantes Saavedra escribió la segunda parte del *Quijote de la Mancha* cuando tenía 68 años; Morgan Freeman, actor americano, ganó el Oscar cuando tenía 67 años; Diana Nyad nadó de Cuba a Florida a los 64 años. La abuela Moses empezó a pintar a los 76 años, tres años después, su arte colgaba en el museo de Arte Moderno de Nueva York.

Nunca es tarde para realizar los sueños, si tú trabajas con disciplina y determinación, tarde o temprano podrás poseer ese monte y lograrás hacer realidad tus sueños.

Sugerencias para convertirte en una persona con más *determinación*:

Termina todo lo que comienzas: Piensa muy bien antes de comenzar alguna tarea: asegúrate de que tienes los recursos, el tiempo, la energía y la motivación para llevarla a cabo hasta el final. Y si no es así, es mejor no comenzarla o si vale la pena realizarla, delégala a otra persona.

Disponte a pagar el precio: Debes saber que la tarea no será fácil; que el precio normalmente será más alto de lo que esperabas y que el tiempo que tomará también será más largo de lo que esperabas.

Mantente motivado(a): A través de la lectura de la Biblia, que es nuestro manual de vida; pero, además es el mejor libro de motivación que conozco. Allí encontrarás todas las promesas de Dios para sus hijos. Además, puedes leer libros sobre crecimiento y desarrollo personal, como los libros escritos por John Maxwell o de muchos otros buenos autores.

También es una excelente idea escuchar podcast o participar de seminarios y grupos de crecimiento personal, que te pueden ayudar a estar motivado y a convertirte día tras día en una persona más comprometida y determinada con el logro de tus metas y de esa manera hacer realidad y ¡VIVIR TU SUEÑO!

E

Entusiasmo

La palabra *entusiasmo* viene de las palabras griegas «en y Theo». que significa "en Dios", y nos indican que es «Dios en nosotro».quien produce la motivación para realizar nuestra misión y propósito, aquí en la tierra.

Para los griegos, entusiasmo significaba «tener a Dios dentro de s». La persona entusiasmada, por lo tanto, era aquella persona guiada por la fuerza y la sabiduría de Dios, capaz de hacer y de lograr cualquier cosa que se propusiera. Para ellos, en particular, poetas, profetas y enamorados, eran personas que poseían esa cualidad especial del entusiasmo, es decir, estos tres grupos de personas tenían una inspiración divina dentro de ellos, que los diferenciaba de todos los demás.

Nosotros también tenemos esa inspiración divina para realizar nuestros sueños; primeramente, porque Dios vive dentro de nosotros: somos su templo. Pero, además, porque Dios ha colocado dentro de nosotros dones y talentos que nos capacitan para hacer grandes cosas en nuestra vida.

Muchas personas no se dan cuenta de todo el potencial y la riqueza que ha sido depositada dentro de ellos; tienen oro por dentro y no se han dado cuenta.

En Tailandia, en el año 1955, un grupo de monjes tuvieron que reubicar un gran Buda de arcilla que se encontraba dentro de su templo. Se cuenta que, cuando intentaban trasladarla a otro lugar, la estatua cayó golpeándose fuertemente, comenzó a rajarse y, justo en ese momento, también comenzó a llover, por lo que decidieron cubrir la estatua con una lona para protegerla hasta que pasara la lluvia.

Esa noche, el director del templo se acercó con una linterna para revisar que la estatua no se estuviera deshaciendo por el agua y, en ese momento, notó que cada vez que dirigía la luz a las grietas salían destellos brillantes. Curioso, decidió abrir un poco más una de las grietas y para su sorpresa se dio cuenta de que debajo de la arcilla el material era dorado, que luego pudieron confirmar que era oro macizo.

Parece ser que cientos de años antes, Tailandia fue invadida por el ejército birmano. Y cuando eso sucedió, los monjes del templo, temiendo que su estatua de oro fuera robada o destruida, decidieron cubrirla con una capa de arcilla para protegerla. Pero los monjes fueron asesinados y la estatua de oro quedó cubierta de arcilla hasta 1955, cuando los nuevos monjes intentaban trasladarla a un nuevo lugar. Imagínense, durante todo ese tiempo la estatua estuvo cubierta de arcilla, cuando en realidad era una estatua de oro macizo.

Y así nos sucede a nosotros, tenemos dentro de nosotros todo un potencial, una riqueza y una belleza interior que muchas veces ha sido cubierta por barro o por lodo, que otros nos han echado encima. Tal vez las palabras ofensivas de otras personas, tal vez nuestros propios errores y fracasos, nos han llevado a esconder lo que hay dentro de nosotros. Y nos olvidamos de que dentro de nuestro ser está la esencia del Dios Todopoderoso, porque fuimos creados a su imagen y semejanza.

Por eso, debemos vivir con entusiasmo, con energía, con motivación, sabiendo que «Dios en nosotro».es el motor y el combustible que necesitamos para hacer realidad nuestros sueños. Una de las razones por las que a veces hemos perdido el entusiasmo, no solo para lograr nuestros sueños, sino para vivir, es por el lodo o la tierra que otros nos han echado encima con sus palabras o acciones.

Y eso me recuerda otra historia: Un caballo cayó a un pozo muy profundo y su dueño intentó, en todas las formas posibles y con la ayuda de sus vecinos, rescatarlo. Lamentablemente, todos sus esfuerzos fueron inútiles.

Entonces el dueño, frustrado y preocupado porque su caballo estaba sufriendo, tomó la trágica decisión de enterrarlo vivo allí mismo. Y con tal propósito, empezó a echarle tierra al pozo; mientras el caballo en su desesperación, saltaba sobre la tierra que le caía, la pisaba formando una base firme y cada vez más alta, hasta alcanzar la superficie, saliendo así del pozo por sus propios medios.

Así sucede muchas veces en nuestra vida, cuando caemos o fracasamos: otros vienen a echarnos más tierra encima; quieren vernos muertos y enterrados en el fracaso y en el sufrimiento. Pero debemos tener la actitud del caballo: sacudirnos el polvo y la tierra. Con mayor razón, tenemos que levantarnos, tenemos que usar esa tierra que nos echan encima como nuestra plataforma para seguir subiendo y avanzando.

Tenemos que brillar como el oro resplandeciente; mostrar que en nosotros vive el Dios creador del Universo, que es un Dios lleno de amor, gracia, perdón y restauración. Es el Dios que levanta al caído, es el Dios que perdona nuestras iniquidades y nunca más se acuerda de ellas.

Muchas personas viven el día a día sin entusiasmo, como si estuvieran pidiendo permiso a un pie para mover el otro y, tal vez, tú eres una de ellas. Piensa que tú eres valioso, que tú tienes dones y talentos que no pueden quedar ocultos; este mundo necesita urgentemente todo lo que tú tienes para dar.

A la vida hay que echarle ganas; vivirla con entusiasmo, no solo sobrevivir, sino enfrentar cada día con alegría. «Este es el día que hizo el Señor, nos gozaremos y alegraremos en É».(Salmo 118:24). Cada día, cuando te levantes, dale gracias a Dios por ese hermoso día que te regala y toma la decisión de vivir ese día como si fuera el último de tu vida.

Steve Jobs, fundador de Apple, decía que cada día se miraba al espejo y se preguntaba: «Si hoy fuese el último día de mi vida, ¿querría hacer lo que voy a hacer hoy? Si la respuesta era 'no' durante demasiados días seguidos, sabía que necesitaba cambiar alg».

Mientras tengamos vida hay esperanza y debemos vivirla con entusiasmo, entrega y motivación. Siempre debemos ofrecer lo mejor de nosotros y aprovechar al máximo cada día de nuestra vida.

He aquí algunas ideas para encender el *entusiasmo* en tu vida:

1. **Toma la decisión de ser feliz con lo que tienes:** Enfócate en las cosas positivas y no en las negativas. Sé agradecido por todas las cosas lindas y buenas que hay en tu vida, en lugar de lamentarte por lo que no tienes.
2. **Ama lo que haces y haz lo que amas:** Si no te gusta la vida que tienes, debes darte cuenta de que tú eres el único que tiene el poder para cambiarla. Si estás esperando a la persona que puede cambiar tu vida, mírate en el espejo: tú y solamente tú, eres esa persona que puede cambiar tu vida.
3. **Escucha o lee testimonios de motivación:** Lee biografías de personas que han logrado hacer sus sueños realidad en tu área de interés. Piensa: si ellos pudieron hacerlo yo también puedo. Hazlo con determinación y entusiasmo; ¡tú puedes lograr casi cualquier cosa que te propongas!
4. **Pide a Dios entusiasmo, pasión y motivación por lo que haces:** La oración es un recurso poderoso a nuestro alcance y Dios siempre está dispuesto a responder; Él quiere que vivamos motivados y entusiasmados con las tareas que nos ha dado para realizar.

Es mi deseo que cada día de tu vida sea maravilloso para ti y recuerda: ¡ENTUSIASMO y VIVE TU SUEÑO!

Fe

La Fe es la certeza de lo que se espera y la convicción de lo que no se ve (Hebreos 11:1). Fe es llamar a las cosas que no son como si fuesen (Romanos 4:17). Sin Fe es imposible agradar a Dios (Hebreos 11:6).

Lo contrario a la Fe es el temor y, desafortunadamente, como nos dice Les Brown: «**Muchos de nosotros no estamos viviendo nuestros sueños porque estamos viviendo nuestros temore**».

Muchos no avanzan ni hacen realidad sus sueños porque están llenos de miedos: tienen miedo al fracaso, a quedar en ridículo, a la crítica, a asumir riesgos, a perder e incluso a triunfar.

No podemos vivir la vida llenos de preocupaciones. Sólo tenemos una vida aquí en la tierra y la vida es corta; por eso debemos vivirla al máximo, desarrollando todo nuestro potencial, tomando riesgos, entregándolo todo y luchando por nuestros ideales sin descanso; hasta que podamos tener la satisfacción de que lo logramos o de que hicimos hasta lo imposible hasta el último momento. Debemos estar dispuestos a enfrentar nuestros temores y a dar los pasos necesarios para hacer realidad nuestros sueños.

Eso fue lo que hizo Jeff Arch, guionista de la película *Sleepless in Seattle*, que en español se conoce con el título *Algo para recordar* o *Sintonía de amor*. Cuando Jeff estaba escribiendo la historia para esa película, nadie en la industria cinematográfica creía que pudiera tener éxito una historia romántica en la que los dos personajes principales no se conocen durante toda la trama de la película.

Mucha gente le decía que estaba loco, que era una mala idea, que iba a fracasar y que no tenía posibilidades de recibir la aceptación de los críticos y del público. Sin embargo, esa falta de apoyo no lo detuvo, Jeff creía en su sueño, tenía una visión de que esa historia podría llegar a tener éxito. Jeff estuvo dispuesto a pedir un préstamo e invertir más de dos millones de dólares en la producción de esa película, aun sabiendo que podía fracasar se endeudó por el resto de su vida.

Jeff cuenta que la historia de Hernán Cortés, el conquistador español, lo motivó para arriesgarlo y entregarlo todo. Cuando Cortés llegó a las costas de México con el propósito de conquistar ese territorio, en 1519, quemó los barcos para evitar que la gente que lo acompañaba llegara a sentir el deseo de rendirse y volver atrás. Imagínense la sorpresa y el susto de los acompañantes de Cortés, pero el conquistador con toda calma les dijo: «O conquistamos o morimo».

Para Hernán Cortés no existía la posibilidad de regresar, estuvo dispuesto a entregar su vida entera, si era necesario, con tal de cumplir su sueño de conquistar México y así se lo hizo saber a su grupo de acompañantes. Solo tenían dos opciones: o conquistar México o morir en el intento. No había lugar para el temor, tenían que ser valientes y entregarlo todo en el campo de batalla para lograr su propósito y disfrutar de las recompensas de la conquista.

De la misma manera debes ser tú, estar dispuesto a tomar riesgos, a darlo todo, a conquistar y a lograr hacer tu sueño realidad o, si es necesario, morir en el intento.

Cuando tuve la iniciativa de convertirme en coach de vida, eso fue lo que decidí: "quiero motivar y capacitar a otros para desarrollar todo su potencial, o morir en el intento".

Nunca había sido mujer de empresa. Mi vida entera giraba alrededor del ministerio cristiano. Pero, cuando Dios puso en mi corazón el sueño de capacitar a otros para lograr sus sueños, decidí que iba a tomar los riesgos que fueran necesarios para lograrlo.

Y eso fue lo que sucedió con Jeff Arch. A pesar de los críticos y de que nadie creía que su historia sería exitosa, Jeff estuvo dispuesto a endeudarse y a invertir hasta el último centavo de sus ahorros en realizar su película. Finalmente, la película se estrenó en 1993 con una gran aceptación entre los críticos y el público en general. *Sleepless in Seattle* fue nominada para dos premios de la Academia y sus actores principales, Tom Hanks y Meg Ryan, fueron nominados como mejor actor y mejor actriz en 1994.

Piensa ¿qué habría sucedido si Jeff no hubiera estado dispuesto a vencer sus temores y arriesgarse a fracasar? Si hubiera tirado el libreto de la película a la basura, no tendría el éxito, la fama y el reconocimiento de los que ahora disfruta.

Debes tener Fe, primeramente, en Dios y en que Él puede ayudarte para hacer tus sueños realidad. Pero también debes creer en ti mismo y en las capacidades que Dios te ha dado. Nunca pierdas la fe ni la esperanza, nunca dejes de soñar y creer que tu sueño y el milagro que has estado pidiendo, se pueden hacer realidad.

La Palabra de Dios nos dice: «**Pero no es posible agradar a Dios sin tener fe, porque para acercarse a Dios, uno tiene que creer que existe y que recompensa a los que lo busca**».(Hebreos 11:6 DHH). En otro pasaje nos dice: «Así que la fe es por el oír, y el oír por la palabra de Dio».(Romanos 10:17). Esto quiere decir, que tu fe aumenta a medida que te dispones a escuchar la Palabra de Dios.

La Biblia, además de ser la Palabra de Dios inspirada por el Espíritu Santo, es nuestro manual de vida. Allí, Dios nos anima, nos motiva para olvidar nuestro pasado y continuar adelante, para salir de la barca de la comodidad y arriesgarnos, como lo hizo Pedro, cuando se arriesgó a salir del bote y a caminar sobre el agua; y aunque luego comenzó a hundirse, Pedro es conocido como el único hombre después de Jesús, que ha caminado sobre el agua.

Dicen los expertos que en la Biblia encontramos la frase «No tema».365 veces; es decir un recordatorio de no tener temor, para cada día del año.

Aquí un par de sugerencias para activar la *Fe* en tu vida:

- **Escribe y declara en voz alta versículos de la Palabra de Dios que te ayuden a alimentar tu fe:** Por ejemplo:

- «Todo lo puedo en Cristo que me fortalec».(Filipenses 4:13);
- «Si Dios está conmigo, ¿quién contra mí».(Romanos 8:31);
- «Soy más que vencedor en Crist».(Romanos 8:37);
- «Dios no me ha dado espíritu de cobardía ni de temor, sino de fe, amor y dominio propi».(2 Timoteo 1:7).
  Cuando te escuchas a ti mismo declarar en voz alta estas promesas de la Palabra de Dios, estás renovando tu mente, transformando tus pensamientos de derrota, fracaso y debilidad por pensamientos de fe, confianza y victoria; y, entonces, cuando menos lo pienses, te darás cuenta de que tienes la valentía necesaria para tomar riesgos y hacer tus sueños realidad.

1. **Toma Acción:** La Biblia nos dice que la fe sin obras es muerta (Santiago 2:26); por eso debemos acompañar nuestra fe con las acciones correspondientes. John Maxwell cuenta que cuando era pequeño, su papá le preguntaba con frecuencia:
   —John: hay cinco sapos en un tronco y cuatro decidieron saltar, ¿cuántos quedan?
   Y John, creyendo saber la respuesta, alegremente contestaba:
   —Queda uno.
   A lo que su padre respondía de inmediato:
   —No. Quedan 5; porque decidir no es hacerlo. Tal vez lo pensaron, lo decidieron, pero a última hora, no lo hicieron.

Lo cual nos enseña que cuando deseamos algo y decidimos lograrlo, debemos emprender la acción de inmediato, aunque sean pequeños pasos, para la realización de esos sueños. Si todos los días lo haces, tarde o temprano, te darás cuenta de que tus sueños se están haciendo realidad.

Pero mientras tanto, no pierdas la *Fe*, sigue adelante, vence el temor, declara las promesas de la Palabra de Dios sobre tu vida y ¡¡VIVE TU SUEÑO!!

G

Gratitud

Muchos expertos en crecimiento personal coinciden en que la gratitud es una de las claves para atraer y disfrutar de abundancia en nuestra vida. Jack Canfield, autor de la serie *Sopa de pollo para el alma* y *Los principios del éxito*, dice: «La gratitud es el ingrediente más importante para vivir una vida exitosa y satisfactori».

La gratitud es, en pocas palabras, el reconocimiento que se ofrece por cualquier beneficio recibido. Es el mejor antídoto contra cualquier temor, duda o preocupación que quiera apoderarse de nosotros. La gratitud enfoca nuestra atención en los aspectos positivos de nuestra vida.

En la Biblia, Dios nos manda que seamos agradecidos: «Dad gracias en todo, porque ésta es la voluntad de Dios para con vosotros en Cristo Jesú».(1 Tesalonicenses 5:18). También nos anima a cantar a Dios con un corazón agradecido: «canten salmos, himnos y canciones espirituales a Dios, con gratitud de corazó».(Colosenses 3:16b NVI).

La gratitud fue una de las lecciones de vida que aprendió John D. Rockefeller, el famoso billonario. Él era un cristiano bautista que desde muy joven aprendió la importancia de ser agradecido, y una de sus maneras de demostrar su gratitud a Dios era dando la décima parte de sus ingresos para el sostenimiento de la obra de Dios.

Rockefeller no esperó a convertirse en millonario para ser una persona agradecida y generosa. Él mismo reconoció que nunca habría diezmado de su primer millón de dólares, si no hubiera aprendido a dar desde cuando ganaba apenas $1 dólar con 50 centavos. A medida que su riqueza aumentaba, él continuó dando su diezmo.

A los 53 años se enfermó gravemente, tenía fuertes dolores en todo su cuerpo y perdió todo el cabello de su cabeza. Era el único billonario en ese momento en el mundo y podía comprar cualquier cosa que quisiera; sin embargo lo único que su cuerpo podía digerir entonces era leche y galletas. No podía dormir y la vida perdió todo sentido para él, sus médicos diagnosticaron que no le quedaba más que un año de vida.

Una mañana, Rockefeller se despertó después de tener un sueño, sintiendo que no tenía ningún control sobre su vida y que cuando muriera no podría llevarse ni su dinero, ni ninguno de sus éxitos. Entendió que debía estar sumamente agradecido por todas las riquezas que tenía y una de las más importantes era la salud.

Decidió expresar su gratitud a Dios , compartiendo con otros todo lo que tenía. Ese día, llamó a su equipo de abogados, contadores y administradores para establecer una fundación que canalizara toda su fortuna hacia hospitales, la investigación científica y el trabajo misionero.

Lo interesante de esta historia es que en el momento que él comenzó a contribuir generosamente para todas estas causas, su cuerpo y su salud también comenzaron a mejorar. En lugar de morir a los 53 años, como los médicos lo habían pronosticado, vivió hasta los 98 años. Pasó los siguientes 40 años de su vida creando fundaciones científicas que tuvieron un gran impacto en el avance de la medicina. Con su apoyo financiero contribuyó a grandes descubrimientos, tales como la penicilina, el estudio de la malaria y la erradicación de la fiebre amarilla, tuberculosis y difteria, entre otros.

Rockefeller patrocinó muchas instituciones e iglesias cristianas durante el resto de su vida, por ejemplo, dio $80 millones de dólares a la Universidad de Chicago, y fue muy activo en dar apoyo a la educación de personas de raza negra. Donó más de $555 millones de dólares durante toda su vida.

Él creía firmemente que nosotros solo somos administradores de lo que tenemos y que la habilidad de hacer dinero es un talento que Dios nos ha dado, y por esa razón debemos usarlo con el propósito de distribuirlo sabiamente para el bien de la humanidad.

Rockefeller tuvo gratitud y generosidad. Esos hábitos hicieron de este hombre una persona sana y próspera en todas las áreas de su vida. Y nosotros también debemos aprender a tener un corazón agradecido por las bendiciones que hay en nuestra vida.

Otro ejemplo realmente admirable, es el de Susana Wesley, madre de Carlos y John Wesley, fundadores del Metodismo y de la Iglesia Wesleyana en Estados Unidos. Susana dio a luz 19 hijos entre 1690 y 1709; era una mujer frágil y ocupada con los cuidados de su familia. Sin embargo, apartaba dos horas cada día para la devoción a solas con Dios. Durante ese tiempo, ella expresaba su gratitud a Dios y pedía sabiduría y fortaleza para enfrentar las labores de la vida diaria.

Susana tomó esta decisión cuando ya tenía nueve hijos, No importaba lo que ocurriese, a la hora programada ella se apartaba para tener su tiempo de gratitud y comunión espiritual con Dios. Su vida no fue fácil. Las pruebas que soportó podían haberla devastado. Solamente nueve de sus diecinueve hijos sobrevivieron hasta la vida adulta: Samuel, su primogénito, no habló hasta los cinco años; uno de sus hijos se asfixió mientras dormía; sus gemelos murieron, al igual que su primera hija, Susana. Una hija quedó deformada para siempre, debido al descuido de una empleada.

Sus deudas crecían y el crédito de la familia se agotaba. Su esposo, que no era muy organizado, no conseguía vivir dentro del presupuesto de la familia; incluso, fue a dar a la cárcel por las deudas que tenía y, si no hubiese sido por la diligencia de Susana, con frecuencia no habrían tenido alimento sobre la mesa.

Desde el punto de vista puramente material, Susana padeció una vida de miseria, privaciones y fracaso; pero no se apesadumbró por las circunstancias, no se enojó con Dios ni con su marido, fue una mujer agradecida y se enfocó en lo bueno que tenía y, como resultado, tuvo una gigantesca fortaleza interior para educar a sus hijos.

En la biografía sobre Susana Wesley se comenta: «Cuando nos preguntamos cómo veinticuatro horas podían contener todas las actividades normales que ella, una frágil mujer de treinta años era capaz de realizar, la respuesta está en esas dos horas de retiro diario, cuando ella se apartaba para tener un tiempo a solas con Dios para darle gracias y para obtener, en la quietud de su cuarto, paz, sabiduría, paciencia y un valor incansabl».

He aquí algunas ideas para practicar la gratitud:

1. Escribe, cada día, al menos tres cosas por las cuales estás agradecido: El Salmo 100:4 nos dice: «Entrad por sus puertas con acción de gracias, por sus atrios con alabanz». Qué mejor manera de comenzar o terminar el día que contando nuestras bendiciones y dando gracias a Dios por ellas.

2. Expresa tu gratitud a las personas que Dios ha colocado en tu vida: Hoy mismo, llámales o mándales un texto diciéndoles lo mucho que los amas y lo agradecido(a) que estás con ellos por su influencia y por ser parte de tu vida.

3. Decide ser agradecido en todo momento: Aunque muchas veces no entendamos lo que sucede en nuestra vida, debemos estar seguros de que a los que amamos a Dios, todas las cosas nos ayudan para bien (Romanos 8:28).

Sé agradecido, sin importar cuáles sean tus circunstancias en este momento; disfruta de las cosas lindas y maravillosas que hay en tu vida y ¡¡VIVE TU SUEÑO!!

Generosidad

Generosidad es la capacidad para ofrecer ayuda, comprensión, tolerancia o afecto, a las personas, sin exigir o esperar nada a cambio. Y el ejercicio de tan noble facultad podría transformarse, sin duda, en un instrumento para que otras personas obtengan sus propósitos; pero también para que tú hagas realidad tus sueños.

En relación con lo cual existen muchas historias que podrían inspirar en ti la práctica de la generosidad; pero como no puedo contarlas todas, referiré aquí una que ha llamado particularmente mi atención:

Anthony Rossi, joven inmigrante italiano, llegó a Estados Unidos, en 1920, solamente con un morral en sus espaldas, pero con muchas ilusiones en su corazón.

Después de muchas dificultades (no sabía el inglés, no tenía empleo), encontró una familia que lo apoyó y con la cual asistía a la Iglesia. Y allí, oraba a Dios para que le ayudara a crear un buen negocio, con la promesa de que le daría el 10% de sus utilidades para apoyar su obra. Poco después, Rossi tuvo una excelente idea: vender jugo de naranja recién exprimido, de casa en casa, a lo largo y ancho del Estado de Florida.

En 1947, Rossi compró una pequeña compañía que hacía jugo de naranja y así nació «Tropicana Compan». que vende los conocidos jugos «Tropican». Muy pronto la demanda por el jugo de naranja creció no sólo en Florida, sino en otras ciudades, especialmente en New York.

En 1954, Anthony inventó y patentó un proceso de pasteurización que permitía empacar y enviar el jugo de naranja sin necesidad de refrigeración. Su compañía creció rápidamente y pasó de tener 50 empleados a tener 8000 empleados en el 2004.

Rossi, además de ser fiel a su promesa de dar el 10% de todos sus ingresos, incrementó gradualmente sus donaciones hasta dar el 50% de sus ganancias, durante toda su vida como próspero empresario. De tal manera, cada mañana distribuía jugo de naranja gratis en escuelas y universidades. Y a través de su Fundación Aurora, donó millones de dólares para iglesias, programas cristianos y obras de beneficencia. Todo ello, le hizo merecer, en 1983, el reconocimiento como uno de los hombres más generosos en Norteamérica, por parte de una especializada y reconocida revista.

Rossi logró entonces ser una persona apreciada y exitosa, gracias, entre otras virtudes, a su generosidad.

Tú también puedes hacer realidad tus sueños y, por qué no, hacer historia; pero debes estar dispuesto a luchar por tus sueños, a ser creativo y a ser generoso con todo lo que Dios te permita conseguir.

La parábola de Tagore, ilustra bellamente esta reflexión sobre la generosidad:

«Iba yo pidiendo de puerta en puerta,
por el camino de la aldea,
cuando tu carro de oro apareció a lo lejos como un sueño magnífico.
Y yo me preguntaba maravillado
quién sería aquel Rey de Reyes.

Mis esperanzas volaron hacia el cielo,
y pensé que mis días malos se habían acabado.
Y me quedé aguardando limosnas espontáneas,
tesoros derramados por el polvo.

La carroza se paró a mi lado.
Me miraste y bajaste sonriendo.
Sentí que la felicidad de la vida me había llegado al fin.
Y de pronto, tú me tendiste tu diestra, diciéndome:
"¿Puedes darme alguna cosa?"
¡Ah, qué ocurrencia la de tu realeza!

¡Pedirle a un mendigo!

Yo estaba confuso y no sabía qué hacer. .
Luego saqué despacio de mi saco un granito de trigo, y te lo di.
Pero ¡qué sorpresa la mía!
cuando, al vaciar por la tarde mi saco en el suelo,
encontré un granito de oro en la miseria del montón.
¡Qué amargamente lloré el no haber tenido corazón para dártelo todo».

Al final del día, cuando el mendigo descubre que un granito de trigo se ha convertido en oro, se lamenta pensando que si él hubiera tenido la generosidad para entregarlo todo, en aquel momento, todos sus granitos de trigo también se hubieran convertido en oro.

Esta parábola es comparable a nuestras vidas. En cierta manera, nosotros somos como ese mendigo; y Dios es el Rey de Reyes, quien nos pide que seamos generosos; y nos enseña que nuestra dádiva es una semilla para multiplicarnos y añadir más tesoros a nuestra vida.

La Palabra de Dios nos dice: «**El que siembra escasamente, también segará escasamente; y el que siembra generosamente, generosamente también segar**».(2 Corintios 9:6).

Alguien que entendió muy bien este principio de la siembra y la cosecha y que, como consecuencia, prosperó mucho en sus negocios, fue William Colgate.

William Colgate nació en Inglaterra el 25 de enero de 1783. Sus padres se vinieron a vivir a los Estados Unidos y se establecieron en Baltimore, Maryland. A la edad de 16 años abandonó la casa de sus padres, a causa de la pobreza en que vivían, y se fue a buscar trabajo a New York.

Su padre le enseñó a hacer jabón de manera casera, así que su deseo era trabajar en esa industria. Consiguió un trabajo como aprendiz en una fábrica de jabones, donde reforzó sus conocimientos sobre el proceso de fabricación. Además, tomó lecciones acerca de cómo hacer negocios exitosamente.

Pronto formó una sociedad y se convirtió en fabricante de jabón. Cuando su socio murió pocos años más tarde, fue el único propietario. El negocio triunfó rápidamente y William Colgate se convirtió en uno de los hombres más prósperos e influyentes en la ciudad de Nueva York. Creó la empresa Colgate, que luego se fusionó con Palmolive, y terminó siendo Colgate Palmolive, la famosa empresa de jabones y crema dental.

William Colgate, al igual que Anthony Rossi, no solo aportaba su diezmo, sino que también entregaba el 50% de todos sus ingresos para apoyar iglesias y obras misioneras. Además, ayudó a organizar varias sociedades bíblicas, incluyendo la Sociedad Bíblica Americana.

En alguna ocasión le preguntaron a Colgate sobre el motivo de estas donaciones tan generosas. Él contó que cuando venía en barco para la ciudad de Nueva York, tuvo una conversación con el capitán del barco, a quien compartió su idea de fabricar jabón. El capitán del barco le dijo unas palabras que Colgate nunca olvidó: «Alguien, muy pronto, se convertirá en un gran fabricante de jabón en Nueva York, ese puedes ser tú, pero nunca pierdas de vista el hecho de que es Dios quien te da las posibilidades y la habilidad para hacer el jabón. Así que, honra a Dios y comparte todo lo que Él te dé, comenzando por el diezmo de todo lo que reciba».

Nosotros también debemos cultivar el hábito de la generosidad; debemos ser dadivosos y compartir lo que Dios nos ha dado, ayudando a suplir las necesidades de quienes están a nuestro alrededor, en la medida de nuestras capacidades.

El evangelio dice: **«Den a otros, y Dios les dará a ustedes. Les dará en su bolsa una medida buena, apretada, sacudida y repleta. Con la misma medida con que ustedes den a otros, Dios les devolverá a ustede».**(Lucas 6:38 DHH).

Dar con generosidad es un mandato bíblico, cuya práctica traerá abundancia y prosperidad a nuestras vidas.

¿Te gustaría ser recordado como una persona generosa? ¿O como alguien egoísta? Si tú deseas ser reconocido(a) como una persona generosa, intencionalmente, debes tener la voluntad para realizar, cada día, acciones de ayuda a cualquier persona que lo requiera, sin esperar o exigir compensación. Sé generoso y ¡¡VIVE TU SUEÑO!!

Humildad

La humildad es una virtud o cualidad que consiste en reconocer nuestras capacidades y fortalezas, de la misma manera que nuestras debilidades y defectos, y no vanagloriarnos por ellos.

Uno de los genios de la literatura, Miguel de Cervantes Saavedra, dijo: «La humildad es la base y fundamento de todas las virtude». Salomón, el sabio por excelencia, dijo: **«Riquezas, honra y vida son la remuneración de la humildad y del temor de Jehov».**(Proverbios 22:4).

Piensa en este proverbio, que a la vez es una promesa. Si somos humildes y tenemos temor de Dios (no miedo, sino reverencia y respeto hacia Él), las recompensas son riquezas espirituales y materiales: un buen nombre y una larga vida con su bendición.

Hay una historia de un hombre rico que le entregó una canasta con basura a un hombre pobre. El hombre pobre sonrió, vació la canasta, la lavó, la llenó de flores y se la dio de regreso al hombre rico. El hombre rico, asombrado, le preguntó:

—¿Por qué me has dado flores, si yo te di basura?

El hombre pobre respondió:

—Cada uno da lo que tiene en su corazón.

Debemos examinar nuestro corazón, porque muchas veces, sin darnos cuenta, está lleno de soberbia, y esa actitud no nos va a llevar a ningún lado. Todo lo contrario, el orgullo nos aleja de nuestros seres queridos.

Por la falta de humildad, por no estar dispuestos a reconocer nuestros errores y pedir perdón, se destruyen hogares, iglesias; se pierden trabajos y se desaprovechan oportunidades que podrían ser grandes bendiciones en nuestra vida.

En una ocasión escuché a un Pastor dar un mensaje acerca de la humildad: «Si tú entiendes lo que dice la Palabra de Dios, de que el que se humilla será exaltado (Lucas 18:14 NTV), entonces cuando alguien te esté humillando, vas a sentirte agradecido, porque sabes que cuanto más te humillen, más grande será la manera como Dios te va a exaltar y a bendeci».

Recuerdo que uno de mis grandes maestros y mentores en Colombia, Albert Marulanda, quien fuera como un padre para mí, y que ya está en la presencia del Señor, contaba la historia de una mujer que vino a quejarse y a preguntarle qué debía hacer para no ser humillada por las personas a su alrededor. Y él le dijo: «La mejor manera de no ser humillado por otros, es mantenerse humillad».

La Biblia nos dice: «Humillaos, pues, bajo la poderosa mano de Dios, para que él os exalte cuando fuere tiemp».(1 Pedro 5:6). Si nos mantenemos con una actitud de humildad, cuando otros nos humillen, no nos sentiremos ofendidos sino agradecidos porque sabremos que a su tiempo Dios hará justicia y nos exaltará.

Albert Marulanda también contaba una historia de un hombre que fue a pedir una donación para un orfanato a un hombre rico. El hombre rico lo menospreció y le dijo:

—¡¡Esto es lo que tengo para usted!! Y le escupió en la cara.

El hombre que estaba pidiendo la donación, con toda humildad, sacó un pañuelo, se secó la cara y le dijo al hombre rico:

—Muy bien, si eso es lo que tiene para mí —y abriendo su maletín le añadió—. Ahora, por favor, ¡¡deme lo que tiene para los niños del orfanato!!

El hombre salió con el maletín lleno de dinero. Dios tiene grandes bendiciones para nosotros, pero uno de los requisitos para recibir todas esas bendiciones es que tengamos una actitud de humildad, paciencia y sencillez en nuestro corazón.

Personalmente tuve una experiencia que me confirmó la importancia de la humildad:

Cuando llegamos a Estados Unidos teníamos una visa de turistas. Empezamos a tocar puertas pidiendo a Dios que pudiéramos quedarnos legalmente. Después de varios meses, la Iglesia Wesleyana nos dio la oportunidad de quedarnos trabajando como misioneros con una visa religiosa.

Cuando todavía estábamos en el proceso, decidimos ir a Colombia, pensando que no tendríamos ningún inconveniente para regresar. Lo único que teníamos que hacer era ir a la embajada de los Estados Unidos y pedir que nos colocaran un sello para regresar.

El día de la cita en la embajada, el cónsul comenzó a hacernos preguntas acerca de por qué nos habíamos quedado y, con una actitud de bastante molestia, nos canceló la visa. Después de rogarle que nos diera la oportunidad de regresar, nos dijo:

—Si me pueden demostrar que tenían los recursos necesarios para sostenerse sin que tuvieran que trabajar ilegalmente, consideraré la posibilidad.

Afortunadamente, mi tío y su esposa, quienes nos habían recibido, habían vendido una casa. Le llevamos los comprobantes del banco al cónsul y aun así, no quería renovarnos la visa.

En ese momento, Dios puso en mi corazón que tuviera una actitud de humildad; cuando comencé a pedirle perdón, la expresión de su rostro cambió y, con una sonrisa, finalmente nos otorgó la visa para regresar. Ese día, aprendí una gran lección: **la humildad es el mejor camino para resolver cualquier conflicto.**

Perdonar o pedir perdón por cualquier ofensa o error que hayamos recibido o cometido, siempre será un bienvenido acto de humildad.

Una buena disculpa debe incluir las palabras: «Te pido perdón, me equivoqué. Lo siento much». Y luego debemos preguntar: ¿Qué puedo hacer para mejorar? Cuando tenemos esa actitud, Dios nos va a ayudar para mejorar nuestras relaciones y solucionar cualquier problema por difícil que parezca.

En ocasiones he sido muy orgullosa y desafortunadamente, esa fue una de las causas de mi divorcio, después de 28 años de matrimonio. Pero he aprendido la lección y cada día le pido a Dios que me ayude a ser más humilde y a no volver a cometer los mismos errores.

Quiero animarte para que hoy mismo, busques a esa persona, hables con tu pareja, reconozcas tus errores, demuestres tu deseo de cambiar y Dios hará milagros, porque eso es lo que Él tiene reservado para ti. Si tú eres humilde, vas a poder realizar tus sueños y vas a vivir de acuerdo a la voluntad de Dios, así que sé humilde y ¡¡VIVE TU SUEÑO!!

7

Insistencia

Woody Allen, dramaturgo norteamericano, ganador del Oscar en cuatro ocasiones, afirma: «El 90% del éxito se basa simplemente en insisti». Insistir implica tocar las puertas una y otra vez, hasta que finalmente una puerta se abra para ti.

Ese fue el caso del Dr. Ignatius Piazza. Recién graduado como quiropráctico deseaba abrir su consultorio en la Bahía de Monterey, California. Entonces se acercó a la Asociación de quiroprácticos para pedir su consejo sobre el mejor lugar para abrir su consultorio.

Cuál sería su sorpresa cuando le aconsejaron que como ya había muchos quiroprácticos en el área, buscara otro lugar para su consultorio, porque allí no tenía posibilidades de que le fuera bien. Pero el Dr. Piazza no se dejó intimidar, él estaba decidido a realizar su práctica en ese lugar. Durante varios meses, fue de puerta en puerta, desde la mañana hasta el anochecer. Después de presentarse a sí mismo, hacía una pequeña encuesta:

—¿Cuál sería el mejor sitio para abrir el consultorio?

—¿Cuál sería el mejor horario de atención?

Les decía cómo pensaba llamar su clínica y les preguntaba si estaban de acuerdo con ese nombre. Y finalmente: ¿les gustaría recibir una invitación para asistir a la inauguración?

Al final, el Dr. Piazza había tocado más de 12 500 puertas y había entrevistado un poco más de 6500 personas. Durante ese tiempo muchos le dijeron que no estaban interesados o ni siquiera abrieron la puerta; incluso en una ocasión, fue atacado por un perro pit bull, que no lo dejó moverse en toda la tarde, hasta que llegaron los dueños de casa.

Al final, cuando abrió su clínica, sólo el primer mes atendió 233 pacientes y ganó $72000 dólares. ¡Nada mal para un área donde la misma Asociación de Quiroprácticos le había dicho que no necesitaban otro quiropráctico!

¿Cuántos de nosotros tenemos la paciencia para insistir en la lucha por nuestros sueños, a pesar de que las condiciones no parezcan las más prometedoras? Pero, precisamente, la persistencia para lograr nuestro propósito es uno de los elementos esenciales que debemos cultivar en nuestra vida, si queremos hacer realidad nuestros sueños.

De lo anterior pueden dar fe Jack Canfield y Victor Hansen, coautores de *Sopa de pollo para el alma*, un exitoso libro de motivación personal, quienes, antes de publicarlo, recibieron el rechazo de más de treinta editoriales, porque no lo consideraron interesante.

¿Qué creen ustedes que hicieron Jack Canfield y Victor Hansen? ¿Se rindieron? No, de ninguna manera, todo lo contrario, dijeron: ¡SIGUIENTE! Siguiente intento, siguiente paso, siguiente... siguiente... hasta que lo logremos.

Después de mucho pensar, se les ocurrió la idea de crear un formato donde cada persona que asistía a sus conferencias y seminarios se comprometía a comprar un ejemplar de sus libros *Sopa de pollo para el alma*, cuando fuera publicado.

Así lograron reunir más de 20 000 promesas de compra, y con esas promesas en la mano asistieron a la Convención Americana de Editores de libros en Anaheim, California.

Allí fueron de mesa en mesa ofreciendo su manuscrito a cada una de las editoriales que estaba en exhibición. Pero a pesar de que ellos tenían en la mano 20 000 promesas de compra del libro, durante el primer día, fueron rechazados una y otra vez. Durante todo ese tiempo su actitud después de cada «N».era: ¡Siguiente!... ¡Siguiente!, Siguiente mesa, siguiente editorial... ¡¡Siguiente!!

Al final del segundo día, ellos dieron una copia de 30 de las historias cortas incluidas en el manuscrito de *Sopa de pollo para el alma* a Gary Saidler, copresidente de Health Comunications, una editorial que estaba en dificultades y cuya especialidad era publicar libros sobre recuperación de adicciones. Gary Saidler se iba de vacaciones y se llevó el manuscrito para leerlo en la playa. Le encantó y decidió publicarlo.

El manuscrito de ese libro fue rechazado en más de 130 ocasiones, pero gracias a la insistencia de los autores solo la primera edición del libro vendió 8 millones de copias y luego se convirtió en una franquicia que ha publicado más de 80 diferentes versiones y ha sido traducido a más de 39 idiomas.

Yo misma soy una lectora de ese libro, en la biblioteca tenía más de una docena de las diferentes versiones, porque ellos tienen *Sopa de pollo para madres, para parejas, para jóvenes,* etc.

Muchas de esas historias han sido de gran motivación para mí. No sé ustedes, pero en mi caso, yo era una persona que se desanimaba fácilmente y cualquier rechazo lo tomaba como algo personal y me hacía desistir de inmediato.

Pero a medida que más aprendo sobre la importancia del crecimiento personal, estudiando en la Universidad Online de John Maxwell, leyendo sus libros, y los de otros autores, me he dado cuenta que hay que continuar insistiendo una y otra vez, hasta que logremos hacer realidad nuestros sueños.

Te quiero animar para que hagas lo mismo; no te desanimes, no te rindas, no te dejes vencer por el rechazo o el aparente fracaso. Ten la actitud de que si te dicen «N». tu contestas: «¡Siguiente!... ¡Siguiente! y toca otra puerta, sigue llamando, sigue pidiendo... ¡¡Sigue insistiendo!!

Hay una parábola en el Evangelio que nos enseña acerca de la importancia de la insistencia. En ese pasaje, Jesús nos cuenta acerca de una viuda que iba donde un juez, una y otra vez y el juez no quería escucharla. Sólo porque ella estuvo dispuesta a insistir, el juez finalmente se cansó y dijo: «Porque esta viuda me es molesta, le haré justicia, no sea que viniendo de continuo, me agote la pacienci». Y Jesús concluye diciendo: «Y ¿acaso no hará Dios justicia a sus escogidos que claman a Él de día y de noche? Os digo que pronto les hará justici».(Lucas 18:1-8).

La historia está llena de relatos de hombres y mujeres que lucharon por sus sueños sin rendirse y finalmente los lograron. Y tú también puedes ser una de aquellas personas que hacen historia, si decides insistir en la búsqueda y realización de tus sueños.

Jesús dijo: «Pedid y se os dará, buscad y hallaréis, llamad y se os abrir».(Mateo 7:7).

Insiste, persiste, resiste y vuelve a INSISTIR una y otra vez y ¡¡VIVE TU SUEÑO!!

Jovial y juvenil

Una persona jovial es alegre, festiva, optimista y desenfadada. Una persona juvenil es alguien que, aunque tenga una edad mayor o avanzada, en su espíritu se siente joven, dinámica y entusiasmada con la vida.

Muchas personas han dejado de soñar y se sienten viejas y acabadas, como si estuvieran muertas en vida. Si todavía estás vivo es porque Dios todavía tiene planes para ti; entonces tienes que seguir soñando y trabajando por tus sueños.

No hay razón para dejar de aprender y seguir creciendo, mejorando, en todas las áreas de tu vida. El mundo necesita de tu experiencia, de tu sabiduría, de lo que tú tienes para dar.

En marzo de 2014, asistí a una conferencia del equipo de John Maxwell. Malvin, su padre, fue uno de los conferencistas. En ese momento tenía 93 años y nos animó a seguir adelante a pesar de los obstáculos que pudiéramos enfrentar; demostrando que estaba más lleno de energía y vitalidad que muchas de las personas más jóvenes que estábamos allí en el evento.

El compositor George F. Handel, organista y violinista muy famoso y con éxito, desde temprana edad, se encontró muchas veces sin un centavo en los bolsillos y al borde de la bancarrota. También enfrentó problemas de salud cuando sufrió un derrame que le paralizó cuatro dedos de su mano derecha.

En abril de 1741, a los 56 años, decidió retirarse de la actividad musical, pues se sentía miserable y lleno de deudas. Pero en agosto de ese mismo año, un amigo acaudalado le entregó un libreto basado en la vida de Cristo. La obra inspiró a Handel hasta tal punto que trabajó sin parar durante 24 días, en los que completó un manuscrito de 260 páginas. Al terminar, le colocó como título a esa obra *El Mesías*.

Hoy, *El Mesías* de Handel es considerado la más grande proeza en toda la historia de la composición musical. Te imaginas, ¿qué hubiera pasado si se hubiera retirado antes de tiempo? Habría privado al mundo entero de esa bella pieza musical y de su talento.

No importa la edad que tengas, procura cultivar y mantener un espíritu jovial y juvenil. Vence el temor y el desaliento. No importa que en el pasado hayas fracasado; mereces darte una nueva oportunidad para triunfar, logrando que tus sueños se hagan realidad.

Ten una actitud alegre y triunfadora, sin importar las circunstancias que te rodean y, mucho menos, la edad que tienes. Ese fue el caso del expresidente de los Estados Unidos, Harry S. Truman. En 1922, Truman tenía 38 años, estaba lleno de deudas y no tenía trabajo. En 1945, 23 años después, era el líder más poderoso del mundo. Si el expresidente de los Estados Unidos hubiera visto sus fracasos como algo permanente, no hubiera creído en su potencial hasta lograr el éxito.

En *La psicología del logro*, Brian Tracy describe los casos de cuatro millonarios que hicieron su fortuna después de los 35 años de edad. Ellos invirtieron en un promedio de 17 diferentes negocios, antes de encontrar el que finalmente los llevaría a la fama y al éxito.

No pienses que siempre vas a fracasar. No te limites; el hecho de que no hayas logrado antes lo que deseas, no significa que no puedas hacerlo ahora; tal vez no has tenido las circunstancias ni el tiempo adecuado, pero ahora sí lo es. O tal vez no era el negocio adecuado para ti, pero ahora puedes encontrar otra oportunidad diferente que sí funcione.

Que las condiciones jovial y juvenil fortalecen nuestra capacidad para hacer realidad nuestros sueños, lo confirma mi tío Marino, persona excepcional, a quien admiro y amo profundamente.

Él, además de ser el papá que nunca tuve, ha sido fuente de inspiración para mi vida. Entre otras razones, porque él nos ha enseñado, a mí y a muchas otras personas, que las condiciones jovial y juvenil de cualquier ser humano, es decir, su capacidad para adoptar una actitud positiva, alegre y hasta festiva, en su vida cotidiana y en su ejercicio profesional, estimularán siempre un positivo estado de ánimo y la fuerza de voluntad para avanzar en cualquier proyecto que emprendamos.

Y en efecto, mi tío Marino, con el propósito de buscar un mejor futuro para él y su familia, y aunque no hablaba muy bien el inglés, se radicó en Estados Unidos. Allí, ejerció como diseñador gráfico durante muchos años, hasta alcanzar la estabilidad económica que le permitió retirarse de su actividad profesional.

Fue entonces cuando su espíritu juvenil lo estimuló a diseñar su futuro con nuevos retos y propósitos. Y de tal manera, mientras cada día miles de personas de su misma edad se retiran a continuar una vida sedentaria, triste y solitaria, mi tío Marino decidió hacer realidad el sueño de toda su vida: convertirse en pintor; actividad artística cuyo ejercicio lo hace feliz, porque le ha dado un nuevo y estimulante sentido a su existencia.

Tú también podrás, incluso a una edad avanzada, con entusiasmo, optimismo y voluntad, lograr aquellos propósitos que por diversos motivos has tenido aplazados. Todavía tienes la vitalidad, la lucidez, la capacidad profesional, para desarrollar obras para beneficio de tu familia, tu comunidad y tu país. Fortalece tus condiciones JOVIAL y JUVENIL y VIVE TU SUEÑO!!

Justicia

Justicia es el principio fundamental que rige el ejercicio de los deberes y derechos de las personas, para otorgarles condiciones de respeto e igualdad, sin distinción por raza, sexo, condición social, ideología política o credo religioso.

La justicia debe ser un faro permanente que ilumine todas las áreas de nuestras vidas, especialmente en el momento de tomar decisiones.

A propósito de lo cual referiré aquí el caso de Jerry Anderson, un exitoso hombre de negocios:

Jerry comenzó a trabajar en Ohio como operario y fabricante de herramientas. Y aunque él era hábil y exitoso en su trabajo, no estaba satisfecho en dicha actividad. Por ello, decidió intentar una opción asociada; así que su primera aventura como empresario, fue vender herramientas importadas de Japón. Pero, aunque él se esforzó mucho para sacar adelante su negocio, el producto no tuvo buena demanda y su experiencia fue un rotundo fracaso.

No obstante, Jerry continuaba decidido a hacer realidad sus sueños. Entonces creó un periódico de anuncios clasificados (publicitarios) en California, mientras mantenía un interés adicional en una franquicia de una revista semanal de bienes raíces.

Jerry trabajó duro en estos negocios durante tres años, pero no tuvo el éxito que esperaba. Por tanto, decidió pedir ayuda a John Schrock, un empresario muy exitoso. Y obviamente, lo primero que Jerry le preguntó a John fue:

—¿Cuál es el secreto para tu éxito en los negocios?

—Mi fórmula es muy sencilla —Respondió John—Todas mis decisiones de negocios se fundamentan en la práctica de valores y principios de justicia, honestidad y respeto para mis clientes.

Inmediatamente, sacó del bolsillo de su chaqueta un pequeño manual, indicándole a Jerry que siempre lo llevaba consigo; pues en él había escrito profundas e importantes reflexiones sobre tales valores y principios, tomadas del libro de Proverbios. Y mientras John leía en voz alta aquellas reflexiones, Jerry empezó a comprender que para alcanzar el éxito en sus negocios, debía empezar por crecer a nivel personal; y para ello, tendría que practicar los fundamentos que John le estaba indicado.

Jerry decidió organizar con sus amigos un grupo de crecimiento personal. Inicialmente, se reunieron una vez por semana y estudiaron juntos los principios y valores que debían incorporar en sus negocios. Pronto, ese deseo de crecimiento personal y la práctica intencional, comenzó a mostrar resultados importantes en los negocios de Jerry.

Con el tiempo, el negocio de la revista semanal creció hasta llegar a ser una de las publicaciones más influyentes en los Estados Unidos, cubriendo bienes raíces desde Chicago hasta Miami y dando trabajo a más de mil empleados.

Pero el éxito de Jerry Anderson no se quedó allí. Jerry decidió compartir esos principios y valores, que transformaron su vida y su empresa, con otros hombres de negocios. Y viajó, junto con su socio, por todos los Estados Unidos, ofreciendo estos grupos de crecimiento.

La verdad, no encontraron tanta acogida como esperaban. Pero en ese proceso conocieron tres empresarios de Guatemala que estaban en Virginia buscando ayuda para sus negocios. Estos hombres se entusiasmaron tanto con la idea de Jerry y su organización, que para ese entonces había tomado el nombre de «La Red Internacional de Negocio». que los invitaron a ir a Guatemala.

La Red, dirigida por Jerry y su equipo, visitó Guatemala y tuvo un gran éxito organizando mesas redondas para estudiar esos principios y valores: trabajo duro, honestidad, humildad, productividad, actitud, planificación, dominio propio y responsabilidad, entre otros.

Rápidamente se extendió el éxito de estas mesas redondas. El director de una universidad en Guatemala invitó a la Red para enseñar estos valores a sus profesores. Más de 15 000 profesores toman este curso sobre crecimiento personal cada año. La Corte Suprema de la nación, en Guatemala, también se unió en este proyecto de enseñar estos principios y valores a las 7000 personas que conforman su sistema.

La Red también fue contratada por el gobierno de Colombia para enseñar estos principios a 11 500 empleados del gobierno, que eran guardias en las prisiones colombianas. Las cárceles en Colombia en ese momento eran notablemente violentas y corruptas.

La Red empezó a enseñar cómo hacer justicia y sobre el desarrollo del carácter, a través de aplicar los principios y valores tomados de la Biblia, en 143 cárceles y a más de 75 000 prisioneros, de tal manera que el ambiente comenzó a cambiar y un año y medio después el índice de asesinatos en las cárceles había disminuido dramáticamente.

Poco después, estos principios fueron enseñados, no sólo en las cárceles colombianas, sino a su ejército. Debido a su impacto tan positivo, La Red continúa enseñando a negocios, gobiernos, sistemas educativos e iglesias por todo el planeta. Actualmente La Red Internacional de Negocios está en más de 44 naciones y más de un millón de personas han sido formadas en estos principios de justicia y desarrollo del carácter.

Todo esto comenzó con un hombre cansado de fracasar en los negocios, quien buscó ayuda para su propio crecimiento personal y aprendió la importancia de aplicar la justicia y los principios y valores bíblicos.

Proverbios dice: **«El que va tras la justicia y el amor, halla vida, prosperidad y honr».**(Proverbios 21:21 NVI). Es importante que la justicia vaya siempre acompañada por el amor, para que realmente podamos disfrutar de las recompensas prometidas: vida, prosperidad y honra.

En el Antiguo Testamento, el profeta Miqueas dice: **«Oh hombre, Él te ha declarado lo que es bueno, y qué pide Jehová de ti: solamente hacer justicia, y amar misericordia, y humillarte ante tu Dio».**

Todos nosotros, como seres humanos, hemos sido injustos; fallamos a Dios, a nuestras familias o a nuestros semejantes. No obstante, lo importante es que lo reconozcamos, que pidamos perdón y empecemos de nuevo, corrigiendo nuestros errores y actuando con justicia.

Haz lo correcto cada día de tu vida; ¡¡actúa con JUSTICIA y VIVE TU SUEÑO!!

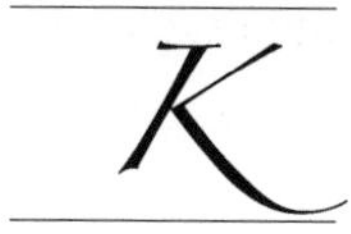

Kairós

Kairós es una palabra griega bíblica, que significa: «El momento preciso y oportuno, en el cual Dios interviene en la vida de los hombres, de una manera sobrenatural y poderos». Por ejemplo, en el evangelio según San Marcos 1:15, vemos que Jesús comienza su ministerio diciendo: «El tiempo se ha cumplido, y el reino de Dios se ha acercad».

Ese tiempo que se había cumplido se refiere al Kairós de Dios; es ese momento diseñado desde el cielo para la salvación de los hombres. De la misma manera, Dios tiene un tiempo señalado, cuando interviene en tu vida para ayudarte a cumplir los sueños que hay en tu corazón.

Tenemos la tendencia a desesperarnos cuando las cosas no suceden a nuestra manera o en el tiempo que deseamos; pero debemos entender que todo tiene su tiempo y todo lo que se quiere debajo del cielo tiene su hora (Eclesiastés 3:1).

El caso de Ana, personaje bíblico (1 Samuel 1), esposa de Elcana, ilustra bien el Kairós de Dios. Ella anhelaba tener un hijo varón, pero no había podido engendrarlo y se sentía triste y abandonada por Dios. Su dolor aumentaba porque Penina, la otra esposa de Elcana, sí tenía hijos y humillaba a Ana por ser estéril. Y aunque Ana estaba segura de que Elcana la amaba, eso no era suficiente para ella.

Su gran sueño era ser madre y no se rendiría fácilmente. Por tanto, clamó a Dios con voz suplicante; y Dios, con su infinita misericordia, en el tiempo señalado, le concedió a Ana su sueño de ser madre.

Joyce Meyer, escritora y maestra de la Biblia, cuenta que su padre abusaba de ella sexualmente, desde que era una niña hasta la edad de quince años, amenazándola para que no se lo contara a nadie.

Durante ese tiempo, había un cojín en su casa con la oración que dice: «Dios, concédeme serenidad para aceptar las cosas que no puedo cambiar, valor para cambiar las cosas que puedo, y sabiduría para conocer la diferenci».

Joyce Meyer dice que ella sabía, en el fondo de su corazón, que un día Dios la iba a sacar de esa situación. Y así fue, Dios finalmente la liberó y convirtió su mayor dolor en su testimonio.

Joyce ha escrito más de 70 libros. Uno de ellos, *Belleza en lugar de cenizas*, en el cual enseña a las víctimas de abuso, cómo recibir sanidad emocional de las heridas del pasado.

Dios tiene un Kairós, un «momento oportun».de salvación y liberación para cada persona. En medio de las más terribles circunstancias de dolor, Dios puede intervenir para cambiar las cosas a tu favor y darte belleza en lugar de cenizas.

Si en este momento te encuentras en una situación de abuso sexual, emocional o físico, y estás llena de tristeza y dolor, te pido que, por favor, hagas lo que esté a tu alcance para liberarte de esa situación. No te quedes paralizada, busca ayuda.

Pero si, por alguna razón, no puedes salir en este momento de esa situación, entonces clama a Dios, pídele que ese KAIRÓS, ese «momento oportun».se haga manifiesto en tu vida. Y ten la certeza de que, de repente, cuando menos lo esperes, Dios traerá la liberación y restauración a tu vida.

Una de mis historias favoritas narra que un poderoso rey, con el mejor interés por proteger a su país de sus enemigos y gobernar bien a sus súbditos, llamó al palacio al más sabio de los servidores de la corte, un respetable anciano quien, además, era el consejero oficial de la casa real desde hacía muchos años, y le dijo:

— Invoco tu sabiduría y buen juicio para que elabores, en pocas palabras, un lema que me oriente y me fortalezca en los momentos difíciles de mi ejercicio como rey y, al mismo tiempo, me inspire para gobernar a mi país con justicia, prudencia y humildad.

Días después, el anciano consejero entregó al rey, en un diminuto trozo de papel, el lema solicitado, con la recomendación de que lo abriera únicamente cuando las circunstancias lo exigieran.

El rey aceptó la recomendación. Y, además, decidió que lo llevaría siempre con él, en una cajilla que el joyero real había elaborado en el anillo, que el rey le había pedido fabricar con tal propósito.

Poco después, su reino fue invadido por sus enemigos y el rey tuvo que buscar refugio en otro país para salvar su vida. Mientras huía con su guardia real, sentía, cada vez más cerca, la presencia de quienes lo perseguían.

En tan desesperada circunstancia, pensó que era el momento justo para leer el sabio consejo que guardaba en su anillo. Entonces, súbitamente desvió su ruta hacia un bosque, en donde se ocultó para leer la frase que lo orientaría para resolver el angustioso trance en que se encontraba. En el límite de la desesperación, substrajo de su anillo el minúsculo papel que contenía la frase, esta decía:

"Esto también pasará".

Y, en efecto, a poca distancia de donde el rey se ocultaba, pasó el ejército que lo perseguía, sin percatarse de la presencia del rey en ese lugar.

Después de una prudente espera en el país que lo protegía, el rey reunió su ejército, expulsó a los invasores, recuperó su reino e hizo su entrada triunfal a la capital.

El día de la celebración de la victoria, el rey caminaba entre ellos feliz y orgulloso de sus triunfos; todos lo aplaudían, lo ensalzaban. Y el rey se sentía famoso, adorado, poderoso. Fue entonces cuando, de pronto, vio entre la multitud al anciano sabio que le había elaborado el lema y quien, aproximándose a él, le dijo en voz baja:

—Su Majestad: este es el momento para que usted lea la frase escrita en la otra cara del diminuto papel incrustado en su anillo.

—Ya no necesito ningún mensaje; he regresado victorioso, mi pueblo está feliz y yo estoy feliz con él; todo está bien; es época de paz y prosperidad. — contestó el rey—

El anciano le advirtió entonces:

—Justamente por ello, el mensaje para este momento es quizás más importante.

Intrigado, el rey se detuvo para substraer el trozo de papel; y cuando quizás esperaba encontrar palabras que le rindieran culto a su majestuosa condición de rey y elogios a su gestión, se sorprendió al leer:

"Esto también pasará".

Sorprendido, dubitativo, enmudeció por un momento, mientras clavaba su mirada en el rostro del anciano, como buscando en sus ojos la interpretación de lo que acababa de leer. E inmediatamente lo descifró todo; pues aunque la frase era exactamente igual a la primera, el significado era una advertencia, si el rey se dejaba enceguecer por el orgullo.

Y después de un largo silencio, como tocado por una íntima revelación, exclamó: "¡Oh, Dios, ayúdame a prolongar este momento por el resto de mi vida!...Seré siempre fiel a ti; doblegaré mi vanidad y gobernaré a mi pueblo con amor y humildad".

Todo en esta vida es temporal, tanto los triunfos como las derrotas, las alegrías, las tristezas, todo es pasajero. Debes confiar que en el momento oportuno de Dios, en el Kairós de Dios, Él enviará su ayuda desde el santuario y te librará de esa situación, para darte paz, abundancia y bendición.

El salmista declara: «En tu mano están mis tiempo».(Salmo 31:15). La esperanza que debemos tener es que, aunque tome más tiempo del que nos gustaría, Dios tiene el control.

Dios sabe lo que es mejor para ti y en el momento oportuno, en el Kairós de Dios, Él te enviará su respuesta y el milagro que has estado esperando por tanto tiempo, ¡¡¡se hará realidad!!!

No te desesperes, no te angusties; sigue pidiendo, sigue creyendo, sigue trabajando por tus sueños; espera tu milagro en el tiempo KAIRÓS de Dios y ¡¡VIVE TU SUEÑO!!

Liderazgo

John Maxwell, considerado el mayor experto de liderazgo en el mundo, dice que después de más de cuatro décadas aprendiendo sobre liderazgo, llegó a la conclusión de que «Liderazgo es influencia, nada menos y nada más que influenci».

Es decir, liderazgo es la habilidad de influir en otros, de tal manera, que juntos trabajen con entusiasmo por el logro de una meta. Toda persona está llamada a ser un líder; desde un empresario, el pastor de una iglesia, hasta un padre de familia o un ama de casa. Todos debemos y podemos desarrollar el líder que está dentro de nosotros.

Ningún propósito, por sencillo que parezca, puede lograrse si no aprendemos primeramente a liderarnos a nosotros mismos; a tomar el control de nuestra vida, y a usar todas nuestras capacidades para lograr los mejores resultados.

Maxwell afirma: «Un líder conoce el camino, transita el camino y muestra el camin». Y agrega: **«Todo se levanta o se cae por el liderazg».**

Hay una historia que ilustra muy bien este tema del liderazgo. En 1911, dos grupos de exploradores emprendieron una gran misión: querían ser los primeros en llegar al Polo Sur.

Uno de los grupos fue dirigido por el noruego Roald Amundsen. Él había planeado su viaje con mucho esmero. Estudió los métodos de los esquimales y de otros experimentados viajeros del Ártico y determinó que su mejor línea de acción sería transportar todo su equipo y provisiones en trineos tirados por perros. Al reunir su equipo, escogió expertos esquiadores y entrenadores de perros. Su estrategia era sencilla: los perros harían la mayor parte del trabajo, mientras el grupo avanzaba de quince a veinte millas en un período de seis horas cada día.

Esto daría a los perros y a los hombres suficiente tiempo para descansar todos los días después de la jornada. La previsión que Amundsen dio a los detalles fue increíble. Equipó a su grupo con la mejor ropa posible. Ubicó y surtió depósitos de provisiones a lo largo de toda la ruta. Así, su grupo no tendría que llevar todas las provisiones durante el viaje.

El otro grupo de exploradores fue dirigido por Robert F. Scott, un oficial de la marina británica. En vez de usar trineos tirados por perros, decidió usar trineos motorizados y caballos. Sus problemas comenzaron cuando los motores de los trineos dejaron de funcionar a sólo cinco días de haber comenzado el viaje. Los caballos tampoco viajaron bien en esas temperaturas glaciales y, cuando llegaron al pie de las montañas, fue necesario sacrificarlos. Como resultado, los miembros del equipo tuvieron que arrastrar los trineos cargados de provisiones. Eso les hizo el trayecto mucho más complicado.

Scott no había prestado suficiente atención a todos los detalles. La ropa estaba tan mal diseñada, que todos los hombres sufrieron de congelación. Uno de los miembros del grupo necesitaba una hora, cada mañana, para ponerse las botas en sus pies hinchados y gangrenosos. Todos fueron cegados por el reflejo de la nieve, debido a las gafas inadecuadas que Scott les había proporcionado.

Lo peor de todo fue que el grupo siempre estuvo escaso de comida y de agua, porque Scott había decidido, a último minuto, llevar a un quinto hombre, aunque sólo habían preparado suficientes provisiones para cuatro. Como tenían poco combustible para derretir la nieve, todos se deshidrataron.

Después de recorrer 800 millas, en 10 semanas, el exhausto grupo de Scott finalmente llegó al Polo Sur el 17 de enero de 1912. Allí encontraron la bandera noruega que ondeaba al viento y una carta de

Amundsen. El otro equipo, bien dirigido, había llegado primero a la meta ¡con más de un mes de antelación!

El viaje de regreso fue terrible. Scott y sus hombres estaban muriendo de hambre. Sin embargo, Scott insistió en recoger treinta libras de muestras geológicas para llevar de regreso.

El avance del grupo era cada vez más lento. Uno de los hombres cayó en un estupor y murió. Otro, que se encontraba muy mal y creía que estaba poniendo en peligro la supervivencia del equipo, se lanzó a propósito a una ventisca para librar al grupo de la responsabilidad de cargar con él.

Scott y los dos hombres que quedaron sólo avanzaron un poco más al norte, antes de darse por vencidos. El viaje de regreso ya había tomado dos meses y aún faltaban 150 millas para llegar al campamento base. Murieron en aquel lugar. Hoy sabemos esta historia ya que pasaron sus últimas horas escribiendo en sus diarios.

Podría decirse que casi cualquier persona puede gobernar un barco; pero se necesita un líder que trace y guíe la ruta a través de las tempestades de la vida. Tú eres la persona llamada por Dios para ser ese líder que ayuda a otros a llegar exitosos a su destino.

John Maxwell añade que lo más difícil del liderazgo es aprender a liderarnos a nosotros mismos y el secreto está en cultivar la integridad. Es decir, ser en verdad lo que aparentamos ser; actuar como en una composición musical y hacer que la música y la letra coincidan. Alinear lo que pensamos, lo que decimos y lo que hacemos, para vivir una vida que motive a otros a seguirnos.

La historia demuestra que para alcanzar grandes objetivos siempre se necesita un equipo; y eso nos induce a la necesidad de desarrollar el líder que hay dentro de nosotros, porque como dice Maxwell: «Aquel que piensa que dirige y no tiene a nadie siguiéndole, en realidad solo está dando un pase».

Cuando yo era una niña, mi papá me regaló un libro titulado: *Grandes hombres que cambiaron el mundo*. Allí estaban las biografías de personajes como Jesús, Napoleón, Simón Bolívar y Cristóbal Colón, entre otros. Todos ellos tuvieron que vencer grandes dificultades, e influir en otros para formar un equipo que les ayudara a realizar sus grandes hazañas y contribuciones a la humanidad.

Por eso, si quieres hacer realidad tus sueños, desarrolla tu liderazgo y el potencial que Dios ha depositado dentro de ti. Conviértete en el líder que debes ser, conforma un equipo, aumenta tu ¡¡LIDERAZGO y VIVE TU SUEÑO!!

M

Misión

Es fundamental vivir de acuerdo a una misión en la vida. Cada uno de nosotros nació con un propósito para cumplir, mientras estamos aquí en la tierra.

El escritor Mark Twain dijo: «**Los dos días más importantes en la vida de una persona son: el día en que nace y el día cuando descubre para qué naci**». Dios pensó en cada uno de nosotros, desde antes de la creación del mundo (Efesios 1:4) y nos dio un destino para cumplir mientras estamos en la tierra. Creo que hasta que no descubramos y vivamos de acuerdo con ese propósito, no podremos ser verdaderamente felices.

El propósito es la razón por la cual existes, es lo que te motiva a levantarte cada mañana; y la misión es lo que haces para lograr tu propósito en un periodo de tiempo determinado.

Si no estás viviendo de acuerdo al propósito de tu vida, no estás desarrollando al máximo tu potencial, y estás privando al mundo de todo lo bueno que tienes para ofrecer. La Biblia nos dice: «**Nosotros somos obra de Dios, creados en Jesucristo para realizar las buenas obras que Dios ya planeó de antemano para que nos ocupáramos de ella**».(Efesios 2:10 PDT). Procura descubrir cuáles son esas buenas obras y no descanses hasta que logres alinear tu vida con el propósito y misión asignados por Dios.

No sigas solo sobreviviendo, como si tu paso por el planeta Tierra no importara. Tú naciste para hacer una diferencia en el mundo: para hacer un aporte y dejar una huella.

Y si es necesario, todavía tienes la oportunidad de rectificar y restituir cualquier daño que hayas podido causar. De hoy en adelante, puedes comenzar a vivir un presente maravilloso y a construir un mejor futuro para ti y para todos los que están a tu alrededor.

Ese fue el caso de Alfredo Nobel, creador de los Premios Nobel. Este premio es mundialmente conocido porque se otorga año tras año a aquellas personas que han destacado y realizado un avance en los campos de la Literatura, Física, Química, Medicina, Paz y Economía. Estos premios han sido ganados por personalidades de gran renombre, tales como Theodore Roosevelt, Gabriel García Márquez, el Comité Internacional de la Cruz Roja, Albert Einstein, Martin Luther King Jr., Pablo Neruda y la Madre Teresa de Calcuta, entre otros.

La interesante historia de estos premios se remonta hacia 1833, momento en el que nace Alfred Nobel en Estocolmo. Su vida transcurrió en un ambiente de invención, bajo la influencia de su padre, propietario de una fábrica de armamentos que concluyó en quiebra tras diversas problemáticas. Sin embargo, la suerte de Alfred fue diferente: logró más de 350 patentes relacionadas con la armería, entre las cuales, la más destacada fue la invención de la dinamita. Nobel vio aumentar su fortuna a través de la invención y producción de armas para matar. Si bien sus productos fueron de gran importancia para otros sectores, tales como la minería, la construcción y la ingeniería; Nobel también diseñaba productos para la industria militar, tales como la balística o la pólvora sin humo.

Todas las riquezas se hicieron vanas tras una gran tragedia en su vida: la muerte de su hermano. Se dice que un diario local confundió a su hermano con el científico, describiendo en su supuesto obituario las acciones de su vida. Al leer esto, Nobel quedó desconcertado al pensar que el mundo lo conociera solamente por haber creado armas. Por esta razón, instituyó una fundación filántropa que premiara a aquellas personas que han realizado un avance positivo para la humanidad, donando la mayor parte de su fortuna para estos premios.

Hoy en día, Nobel es más conocido por sus premios que por sus invenciones militares.

La vida de Alfred Nobel nos demuestra que es posible cambiar nuestra historia y vivir de acuerdo con una misión y un propósito mayor que solo nuestro propio beneficio.

Descubre tu propósito y misión en la vida; haz los cambios necesarios para que tu vida esté alineada con esa MISIÓN y ¡¡VIVE TU SUEÑO!!

Motivación

La Motivación es lo que impulsa a un individuo a tomar acción y a mantener firme su conducta hasta cumplir todos los objetivos propuestos. Para que sea más fuerte, debemos asociarla con la pasión de nuestro corazón; es decir, con aquello que amamos, que nos encanta hacer y que nadie tiene que empujarnos para que lo hagamos.

La pasión y la motivación te dan el combustible y la energía necesarios para lograr un sueño, a pesar de los obstáculos que se puedan presentar; porque cuando tú haces lo que amas y amas lo que haces, nadie tiene que motivarte para que lo hagas.

La pasión te hace despertar por la mañana, joven o viejo, y saltar de la cama, porque hay algo ahí afuera en lo que crees, que haces bien y que, a duras penas, puedes esperar para dedicarte nuevamente a ello, con todo tu entusiasmo.

Cuando sigues la pasión de tu corazón, tienes el sentimiento de que naciste exactamente para eso. Eso fue lo que le sucedió a Bob Taylor, una de las historias que cuenta John Maxwell en su libro *Vive tu sueño*. Bob es fundador y presidente de la empresa de guitarras Taylor. Fabricar guitarras es la pasión de su vida. Desde su niñez, se sentía muy interesado por desarmar las cosas y saber cómo funcionaban. Cualquier regalo que recibía el día de Navidad, inevitablemente quedaba desarmado para el 26 de diciembre.

Taylor compró su primera guitarra acústica a un amigo por tres dólares, cuando tenía nueve años. No pasó mucho tiempo antes de que empezara a tratar de desarmar la guitarra. Cuando tenía diez años, le cortó el cuello a la guitarra y trató de usarlo para construir una guitarra eléctrica. No funcionó, pero a esa temprana edad ya intentaba construir y fabricar diferentes cosas.

En la escuela secundaria, Bob era muy hábil con sus manos, especialmente en la clase de ebanistería y allí se interesó en un proyecto que ni siquiera su maestro había podido terminar: una guitarra de doce cuerdas. Le tomó la mayor parte del año, pero finalmente logró construir una. Al año siguiente fabricó dos guitarras más en su tiempo libre.

Después de eso, había descubierto lo que quería hacer con su vida. Bob les dijo a sus padres que no estudiaría en la universidad, sino que se convertiría en un fabricante de guitarras. La noticia no les gustó a sus padres. Su madre se puso a llorar; ella tenía mucho temor de que no le fuera bien y no solo fuera a desperdiciar su vida, sino que no tuviera los medios económicos suficientes para sostenerse.

A pesar de la falta de apoyo de sus padres, Bob decidió seguir con toda motivación la pasión de su corazón. En septiembre de 1973, apenas tres meses después de haberse graduado del bachillerato, Bob ya estaba trabajando en un taller. Construir su primera guitarra le tardó un mes y le dejó poca ganancia; de esa manera se dio cuenta de que no podría ganarse la vida si solo fabricaba doce guitarras al año.

Así que inventó herramientas para acelerar el proceso de fabricación. Aproximadamente un año después de la llegada de Bob al taller de guitarras, el propietario decidió vender el negocio, porque no estaba obteniendo ninguna ganancia.

Uno de los jóvenes que trabajaba allí se animó a comprarlo e invitó a Bob para que trabajara con él. Juntos decidieron colocarle el nombre Taylor a los instrumentos. Durante el siguiente año, trabajaron duro con mucha motivación. Bob era el fabricante y diseñador principal de las guitarras, mientras que su socio se dedicaba a la parte administrativa.

Pero fue una lucha constante, especialmente en lo financiero. Por diez años anduvieron cojeando, y varias veces se vieron obligados a pedir préstamos para seguir adelante. En los primeros años de trabajo, realmente no se pagaban salario alguno. Fue un gran avance, en 1977, cuando los socios finalmente decidieron pagarse a sí mismos un salario de quince dólares por semana.

Pero aun así, en muchas ocasiones, sus cheques de pago quedaban sin cambiarse, porque ellos sabían que no había suficiente dinero en el banco para cubrirlos. A pesar de los problemas financieros, Bob era feliz con lo que hacía, porque estaba viviendo su sueño.

A mediados de la década de los 80, las cosas empezaron a dar un giro. La producción de la empresa había aumentado a 22 guitarras por semana, y estaban teniendo éxito con las tiendas de instrumentos musicales que compraban sus guitarras. Por primera vez, estaban realmente obteniendo ganancias.

En el año 2011, la compañía abrió una tienda de distribución en Europa. Para el 2012, la empresa tenía más de 700 empleados en dos fábricas, una en California y la otra en México. En enero del 2014, el Departamento de Estado de los Estados Unidos les concedió un galardón y reconocimiento por la excelencia corporativa. Actualmente, Guitarras Taylor produce más de 72 000 instrumentos por año y es uno de los fabricantes de guitarras de mayor éxito en el mundo.

Lo más interesante de esta historia es que Bob estuvo dispuesto a seguir la pasión de su corazón con absoluta entrega y motivación, aunque no vio los resultados ni los beneficios económicos, hasta pasados diez años.

Las personas que logran convertir sus sueños en realidad son aquellas que siguen el llamado y la pasión de su corazón para mejorar la calidad de vida de las personas a su alrededor. Tienen la fe y la convicción de que, tarde o temprano, van a ver los resultados que esperan y sus sueños se harán realidad.

John Maxwell encontró en una revista médica el siguiente consejo: «A muchas personas les cuesta trabajo sentirse motivadas para bajar de peso, hacer ejercicio o cuidar su alimentación. Tenemos algo que decirle: Olvídese de la motivación. Solo hágalo. Haga ejercicio, pierda peso, controle el azúcar en la sangre o lo que sea que deba hacer. Hágalo sin motivación y ¿adivine qué? Después de que empiece a hacer las cosas, aparece la motivación y hace que le resulte más fácil terminar lo que comenzó. La motivación es como el amor y la felicidad; es un resultado. Cuando usted está involucrado en hacer algo, llega a su vida cuando menos la esper».

A veces, por diferentes circunstancias, nos sentimos desmotivados. Si ese es tu caso, recuerda el mandato que Dios le dio a Josué antes de conquistar la Tierra Prometida: **«Mira que te mando que te esfuerces y seas valiente; no temas ni desmayes, porque Jehová tu Dios estará contigo en dondequiera que vaya».**

Martin Luther King Jr. dijo: «Si no puedes volar, entonces corre; si no puedes correr, camina; si no puedes caminar, arrástrate; pero hagas lo que hagas, sigue siempre hacia delant».

Vuela, corre, camina, y, si es necesario, arrástrate hasta que llegue la MOTIVACIÓN. Mientras tanto, asegúrate de seguir avanzando y ¡¡VIVE TU SUEÑO!!

No

Esta palabra tan corta, es importantísima para la realización de nuestros sueños: No.

En Santiago 5:12, se nos amonesta para que nuestro Sí sea Sí y nuestro No sea No. Es decir, que nuestros compromisos deben ser firmes, y nuestras palabras deben estar respaldadas con nuestras acciones.

Permítanme enfocar la importancia de la palabra No, de tres maneras diferentes:

Primero: debemos aprender a decir No.

Segundo: debemos superar los No que nos presente la vida.

Tercero: necesitamos aprender a ser creativos cuando nos den un No por respuesta.

Aprender a decir No: Es muy importante seleccionar en qué cosas gastamos o invertimos nuestros valiosos recursos, tales como el tiempo, el dinero y la energía que tenemos. Muchas veces, la razón por la que nos sentimos estresados y agotados es porque hemos sobrecargado nuestra agenda con compromisos que realmente no contribuyen al logro de nuestros objetivos, pero no tuvimos el valor de decir que No.

Muchas veces lo bueno es enemigo de lo óptimo. Hay cosas que, aunque son buenas, nos distraen de nuestros objetivos. Por estar entretenidos en actividades que no nos acercan al logro de nuestras metas , corremos el riesgo de no llegar al destino que deseamos. Si te pasas la vida diciendo que Sí a todo y tratando de complacer a todo el mundo, vas a terminar perdiendo valioso tiempo, que podrías usar para enfocarte en el logro de tus sueños.

Por eso, debes aprender a decir NO, con amabilidad, amor y gratitud, pero a la vez, con firmeza.

Debemos superar los No que nos presente la vida: A veces, otras personas nos van a decir que no podemos hacer algo, sin embargo, nosotros debemos aprender a romper con esas limitaciones.

En la película *En busca de la felicidad,* el papá le dice a su hijo: «Nunca dejes que nadie te diga que no puedes hacer algo, ni siquiera yo, ¿ok? Si tienes un sueño, debes protegerlo. Las personas que no son capaces de hacer algo, te dirán que tú tampoco puedes. Pero no hagas caso, si quieres algo, ve tras ello. Punt».

Wilma Rudolph nació en una familia pobre de Tennessee, su padre trabajaba en el ferrocarril y su madre era empleada doméstica. Ella era la hija número 20 de 22 hermanos. Wilma nació prematura, con escasamente cinco libras de peso. A la edad de cuatro años sufrió una parálisis infantil, causada, probablemente, por la enfermedad del polio.

Los doctores le dijeron a sus padres que Wilma nunca volvería a caminar. Mientras otros niños corrían y jugaban en la calle, ella tenía que permanecer encerrada en su casa. Durante dos años estuvo completamente confinada en su cama.

Con el tiempo, Wilma comenzó a recuperarse, sin embargo, hasta los nueve años tuvo que usar aparatos ortopédicos en su pierna y en su pie izquierdo porque habían quedado gravemente afectados a causa de la enfermedad.

Wilma hubiera podido aceptar el diagnóstico médico de que nunca iba a poder caminar, o que, si algún día lo lograba, sería con limitaciones. No obstante, ella decidió superar el NO que le presentó la vida. En contra de todo pronóstico, comenzó a caminar y luego a correr. Pasaba horas corriendo e, incluso, comenzó a jugar baloncesto con el equipo del colegio.

Un día, un entrenador de atletismo de la Universidad Estatal de Tennessee, la observó corriendo y quedó impresionado al darse cuenta de lo rápida que era. Así fue como la invitó a formar parte del equipo de atletismo de la Universidad. Wilma no solo estuvo en el equipo, sino que a los 16 años calificó para los Olímpicos de 1956 en Australia y ganó una medalla de bronce.

Cuatro años más tarde, en los Olímpicos de 1960, en Roma, Wilma Rudolph ganó tres medallas de oro y se convirtió en una heroína nacional de los Estados Unidos. Pocos meses después, Wilma estableció un nuevo récord mundial y fue nominada como la mujer más rápida del mundo. Los italianos, incluso, la llamaron «la gacela negr».

Y eso, es lo que sucede cuando tú decides no aceptar los No que te presenta la vida y romper las limitaciones impuestas por otras personas.

Si Wilma Rudolph pudo superar la parálisis infantil, con esfuerzo, disciplina y tenacidad, para convertirse en la mujer más rápida y veloz sobre la tierra, tú también puedes superar tus limitaciones, y cumplir con los anhelos de tu corazón.

Ser creativos cuando nos den un No por respuesta: Son muchas las ocasiones en que vamos a recibir un No por respuesta: un cliente dice No a nuestros servicios o productos; un patrón dice No a una solicitud de trabajo; una universidad dice No a una solicitud de ingreso; un Banco dice No a una solicitud de un préstamo y así sucesivamente.

No podemos paralizarnos después de recibir un No. Debemos superar el rechazo y el desánimo que eso nos pueda producir y continuar avanzando, buscando soluciones de maneras creativas hasta que podamos hacer realidad nuestros sueños.

Entonces, no olvides: aprende a decir No, supera los No que te presente la vida, sé creativo cuando te den un NO por respuesta y ¡¡VIVE TU SUEÑO!!

Organización

John Maxwell dice: «O nos organizamos o perecemo». Muchas personas viven en un terrible desorden, todo está desordenado en sus vidas: su casa, sus finanzas, el manejo de su tiempo y, lo que es peor, después se quejan de que no hay ningún progreso ni resultados en su vida. Y, además, viven echándole la culpa a todo el mundo por sus fracasos; quejándose de que el tiempo no les alcanza, de que a ellos les toca hacer todo y nadie les colabora.

Si ese es tu caso, no es una casualidad que estás leyendo esto. Es porque ha llegado el momento de tomar el control de tu tiempo, de tus finanzas, de tu salud y de tu vida en general.

En la Biblia podemos leer: «Pero hágase todo decentemente y con orde».(1 Corintios 14:40). Y aunque el contexto de este pasaje se refiere al uso de los dones espirituales en la iglesia; el mismo principio, también se puede aplicar a nuestra vida.

Algunos consejos para traer orden a tu vida:

1. **Haz una lista de cosas por hacer:** Luego, trabaja en cada una de esas tareas, de acuerdo a tus prioridades: aquellas cosas que son más importantes y urgentes. Por ejemplo: pagar tus cuentas porque ya te van a cortar el teléfono; pedir esa cita médica que debiste haber tenido hace seis meses; hacer esa llamada telefónica, o simplemente lavar la ropa, porque ya no tienes nada limpio para ponerte.

John Maxwell dice: «**Nunca comiences tu día hasta que no esté escrito en pape**». Cuando comenzamos el día de una manera desorganizada, nos encontraremos haciendo cosas que se roban nuestro tiempo, y al final del día, nos daremos cuenta de que hicimos muchas cosas, pero no, aquellas que realmente eran importantes.

2. Usa una agenda semanal: Incluye en esa agenda todas tus actividades fijas y luego alrededor de ellas, programa tiempo para ir trabajando en algún proyecto. Por ejemplo: organizar el garaje; un closet; limpiar los gabinetes de la cocina; limpiar el carro; estudiar inglés; hacer ejercicio o comenzar esa empresa con la que siempre has soñado.

3. Organiza un calendario en tu casa: Convoca a una reunión para que toda la familia esté involucrada en las tareas del hogar. Con mucha frecuencia, escucho a las madres que son amas de casa, y que además tienen que trabajar de ocho a diez horas afuera de la casa, decir que están exhaustas con todas sus responsabilidades. La queja más frecuente es que nadie colabora en casa. No es justo que la mamita tenga que llegar bien cansada de trabajar y ponerse sola a cocinar, lavar, revisar las tareas de los niños, atender al bebé y, además, al marido.

Muchas veces nosotras tenemos la culpa, porque no hemos enseñado a nuestros hijos desde que son pequeños a recoger su desorden. El orden es un hábito que puede cultivarse y que debemos inculcarles a nuestros hijos desde pequeños. De lo contrario van a crecer acostumbrados a que les hagan todo, y cuando salgan de la casa van a sufrir o van a vivir en medio del mugre y el desorden.

En la reunión, pide la colaboración de todos y asigna tareas específicas para cada uno, de acuerdo a su edad.

Me encanta un mensaje que leí en un cuadro sobre las reglas de la casa:

1. Si lo abres, ciérralo
2. Si lo sacaste, guárdalo
3. Si lo tiras, levántalo

4. Si lo ensucias, lávalo
5. Si dormiste en ella, tiéndela
6. Si es basura, ponla en el bote
7. Si es ropa sucia, ponla en el canasto
8. Si está fuera de su lugar, acomódalo
9. Si lo enciendes, apágalo
11. Si te lo prestan, devuélvelo
12. Si lo quieres y no es tuyo, pídelo prestado
13. Si ofendes, pide perdón

El orden en nuestra vida comienza por las cosas sencillas tales como poner la ropa en su puesto inmediatamente que te la quitas, y no dejarla tirada en el piso, o encima de una silla hasta que ya no encuentres nada más que ponerte.

4. **Programa 15 minutos diarios para la organización:** Este consejo lo aprendí de Valorie Burton. Valorie es fundadora del Instituto de Coaching y Psicología Positiva, con quien obtuve una de mis certificaciones como Coach de vida.

Valorie sugiere que la diferencia entre ser una persona organizada o desorganizada puede estar en tan solo 15 minutos: «Todos los días tome 15 minutos para organizar cosas que tenga pendiente».

Es sorprendente lo que se puede lograr en tan solo 15 minutos: limpiar la nevera, pagar cuentas, revisar tu correspondencia o sacar la basura del carro. Haz de cuenta que estás en una maratón contra el tiempo. Coloca una alarma que suene a los 15 minutos: este tiempo, aparentemente corto, te puede convertir en una persona mucho más organizada.

John Maxwell dice con frecuencia: «**El secreto del éxito está en tu agenda diari**». La clave del éxito y el logro de nuestros sueños se encuentra en la manera como organizamos nuestro tiempo día tras día.

Me encanta una frase que está en uno de sus libros: «**Una vida de éxito, no es otra cosa que la suma de muchos años de éxito, un año de éxito, no es otra cosa que la suma de muchos meses de éxito, un**

mes de éxito, no es otra cosa que la suma de muchas semanas de éxito, una semana de éxito, no es otra cosa que la suma de muchos días de éxito y un día de éxito no es otra cosa que la suma de muchas horas de éxit».

En el libro *Las 15 Leyes indispensables del crecimiento personal*, John Maxwell nos recuerda que: «Ser organizado aporta una sensación de poder, cuando usted conoce su propósito y sus prioridades y ordena su día, su semana y su año de acuerdo a eso, tiene una claridad de pensamiento que le da fuerza y valor a todo lo que hac».

Maxwell cuenta que tiene el hábito de usar la última semana del año, entre Navidad y Año Nuevo, para evaluar su agenda del año que está terminando. Revisa cada compromiso, hora tras hora, y evalúa qué tan productivo fue cada uno de ellos; y de acuerdo a eso, decide en qué actividades debe centrarse, y cuáles debe delegar o eliminar por completo para el año siguiente.

John Maxwell reconoce que ha realizado esta rutina por varias décadas, y ello le ha permitido ser más eficaz y estratégico en el logro de sus objetivos.

Creo que de otra manera, Maxwell no hubiera logrado convertirse en el experto en Liderazgo número uno en el mundo, escribir más de 80 libros y dirigir 4 empresas que han logrado capacitar a más de 6 millones de líderes en 196 países. Como conferencista, se dirige a un público muy amplio, incluyendo compañías de Fortune 500, la Academia Militar de los EE. UU., la Liga Nacional de Fútbol Americano y las Naciones Unidas. Se le considera el autor best seller #1 por *New York Times*, *Wall Street Journal* y *Business Week*, habiendo vendido más de 25 millones de libros en 50 idiomas.

Una de las leyes que John Maxwell comparte en su libro, *Las 15 Leyes indispensables del Crecimiento personal*, es la ley del Diseño, que tiene que ver con diseñar, planificar y organizar tu vida de acuerdo a tu propósito y a tus prioridades. De allí, me surgió la idea de ofrecer uno de mis seminarios favoritos: «DISEÑANDO TU DESTIN».

En los últimos años, en diciembre o enero, he dictado este Seminario de planificación estratégica, en el cual dedicamos uno o dos días para evaluar el año que está terminando. Luego, planificamos el año que está por comenzar, para que se convierta en el mejor año de tu vida: el más productivo, con más logros y mejores resultados en todas las áreas de tu vida.

Sin importar qué época sea en el año, es fundamental que te regales ese tiempo para ti. Evalúa y establece metas y objetivos para tu vida o para tu empresa. De esa manera, podrás organizarte y enfocarte en trabajar consistentemente en el logro de tus sueños.

Si necesitas ayuda, comunícate conmigo, estaré encantada de asesorarte. Hoy mismo es el día para comenzar, ¡¡ORGANIZA TU VIDA Y VIVE TU SUEÑO!!

Osadía

Osadía es la capacidad que impulsa a una persona a realizar una acción peligrosa, superando o desafiando el temor que produce ejecutarla. La osadía es sinónimo de atrevimiento y valentía, y lo contrario es la cobardía.

Recuerdo que cuando estaba comenzando el ministerio cristiano en mi ciudad natal, Cali, Colombia, fui a visitar a un pastor que en ese momento tenía la iglesia más grande en esa ciudad. El propósito de la visita era conocerlo personalmente y entrevistarle. Le pregunté:

—Pastor, ¿a qué le atribuye la causa de su éxito?, ¿cuál es su secreto para tener la iglesia más grande de la ciudad?

Jorge Villavicencio, el pastor, comenzó a decirme varias cosas, que la verdad no recuerdo completamente, pero sí el final:

—La causa de mi éxito, entre otros, es que tengo el don de la osadía.

—¿El don de la osadía? ¿Qué quiere decir, pastor? —le pregunté.

—Tengo el don de la osadía, porque estoy dispuesto a hacer y a creer lo que otros no están dispuestos a hacer o creer.

Desde ese momento, hace más de 30 años, he considerado que la osadía es un elemento esencial si queremos hacer realidad nuestros sueños.

Necesité mucha osadía, cuando llegué a Estados Unidos, para lograr cada uno de mis sueños: comenzando por aprender inglés, obtener la licencia pastoral y dos certificaciones como Coach de Vida, una de ellas con John Maxwell. Y después de eso, fundar una empresa de Coaching, dirigir grupos de crecimiento personal, realizar seminarios, tener un programa en la radio y querer hacer una diferencia en el mundo, aunque sea una persona a la vez.

Creo firmemente lo que dice la Palabra de Dios: «**Porque Dios no nos ha dado espíritu de cobardía, sino de poder, amor y dominio propi**».(2 Timoteo 1:7). Dios no nos hizo para ser cobardes, tenemos que ser valientes, osados y arriesgados si es que vamos a lograr hacer realidad nuestros sueños.

Una historia que ilustra perfectamente lo que es luchar por un sueño, con perseverancia, tenacidad y osadía, es la de Diane Nyad. Nació el 22 de agosto de 1949. Es escritora, periodista y nadadora de larga distancia, que se ha destacado por su récord mundial en campeonatos de resistencia. Diana ha sido una mujer que ha logrado sus metas a lo largo de su exitosa carrera deportiva. Se convirtió en la mejor nadadora de larga distancia del mundo, e impuso varias marcas, incluida la de nadar alrededor de la isla de Manhattan en tan solo 7 horas y 57 minutos, cuando tenía 50 años.

El 2 de septiembre de 2013, en su quinto intento, Diana Nyad nadó 164 kilómetros desde La Habana, Cuba, hasta Key West, Florida. En 1997, la australiana Susie Maroney había recorrido nadando esa distancia, pero lo había hecho dentro de una jaula contra tiburones, y en ese momento tenía 22 años. La gran hazaña de Diana consistió en recorrer esa misma distancia sin una jaula protectora contra tiburones y sin usar aletas. ¡Eso sí que es osadía!

Después de más de 53 horas nadando, a los 64 años, alcanzó la meta que había perseguido durante más de 35 años. El equipo de 35 personas que la acompañaron durante esa travesía incluía navegantes, médicos y otros profesionales, que viajaron en cinco diferentes embarcaciones.

Los buzos que la acompañaban estaban preparados con barras eléctricas para espantar a los tiburones. Otra tarea de los buzos era limpiar el camino de las medusas, porque las picaduras de las medusas eran una de las principales razones que habían impedido que Diana lograra su sueño en los cuatro intentos anteriores.

Los médicos que la asistieron dijeron que la deportista sufrió náuseas durante toda la primera noche, y que la segunda noche estaba tan fría que ni siquiera la interrumpieron para alimentarla, con la esperanza de que el ejercicio la mantuviera caliente en esas aguas tan heladas.

Al momento de llegar a Key West, Diana casi no podía ni hablar ni sostenerse en pie, ya que tenía la boca y la lengua inflamada, y estaba absolutamente exhausta, sin embargo, estaba feliz y, con mucha emoción, dijo ante las cámaras: «Tengo tres mensajes: Uno, nunca debemos darnos por vencidos. Dos, nunca eres demasiado viejo para perseguir tus sueños. Y tres, aunque esto se ve como un deporte en solitario, en realidad, es un trabajo de equip».

Y ese es el mensaje que me gustaría enfatizar:

—**Nunca te des por vencido**: Diana estuvo intentando realizar su sueño durante 35 años, hasta que finalmente lo logró.

—**Nunca eres demasiado viejo para lograr tus sueños:** Diana no permitió que la edad fuera una limitación en su vida.

—**Necesitas un equipo a tu lado para lograr hacer realidad tus sueños:** Y esa es una de las enseñanzas que John Maxwell siempre nos está recordando en sus conferencias y en sus libros: es completamente necesario formar y capacitar un equipo de trabajo para alcanzar nuestros sueños. Y entre más grande el sueño, más grande el equipo que necesitarás para lograrlo.

Antes de concluir este tema, quiero incluir dos comentarios de Alirio Cano Guzmán, mi querido amigo, editor y corrector de estilo:

1. La osadía no implica la ausencia del miedo, todo lo contrario, mientras más miedo tengas frente al riesgo que debes tomar para cumplir un propósito, más osadía debes ejercer para derrotar el miedo.
2. Cuando nos lanzamos al mar de la osadía, debemos colocarnos el chaleco salvavidas de la prudencia. Antes de tomar un riesgo, debemos medir las consecuencias y asegurarnos de que vale la pena invertir nuestro tiempo, dinero y energía en ese propósito.

Hoy y cada día de tu vida, te animo para que seas valiente. Lucha por lo que quieres con OSADÍA y ¡¡VIVE TU SUEÑO!!

Perseverancia

La perseverancia implica mantenerse constante, avanzando en un proyecto, aun cuando las circunstancias sean adversas y los objetivos no puedan cumplirse fácilmente.

La perseverancia es luchar, insistir, persistir, resistir y nunca desistir hasta que hayamos logrado nuestros propósitos. La diferencia entre los triunfadores y los perdedores, podría estar precisamente en su nivel de perseverancia.

La palabra de Dios nos dice: «Pero gracias a Dios, quien siempre nos lleva en triunfo en Cristo Jesú».2 Corintios 2:14). Dios quiere llevarnos de triunfo en triunfo, pero en medio de esos triunfos, tendremos que pasar por muchas pruebas y dificultades. Y la única manera de alcanzar la victoria final es siendo firmes y constantes, o, en otras palabras, siendo perseverantes.

Rowland Hussey Macy, fundador de las Tiendas Macy's, nació en la isla Nantucket, Massachusetts y era hijo de un capitán de barco. Su primer trabajo, a los quince años, fue en un barco ballenero. Allí pasó cuatro años de su vida, durante los cuales recorrió el mundo. Cuando Macy regresó a los EE. UU. con el dinero que había ganado, unos 500 dólares, decidió decirle adiós para siempre al trabajo en el mar.

Trabajó en varias actividades hasta que entró a una imprenta como aprendiz. Allí duró solamente seis meses, debido a que sus ambiciones eran mucho más grandes de lo que podían ofrecerle. Así fue como decidió aventurarse en el negocio de la venta al detalle.

Con el dinero que había ahorrado como marinero, abrió en Boston una pequeña tienda de hilos y agujas. Tenía grandes esperanzas y, aunque trabajó muy duro, el negocio fracasó en el transcurso del primer año.

Al año siguiente, Macy lo intentó de nuevo. Su segunda tienda era de artículos textiles, principalmente productos europeos comprados en remates. De nuevo trabajó duro y volvió a fracasar.

Al siguiente año, decidió trabajar con su cuñado en Boston. Trabajó con él y aprendió mucho, pero después de un año, decidió que necesitaba un cambio. Macy y su hermano Charles habían oído acerca de la fiebre del oro en California, de modo que fueron al oeste y entraron en el negocio de la minería. Aunque no lograron hacerse ricos de la noche a la mañana, muy pronto se dieron cuenta que podían hacer dinero, pero no como mineros, sino vendiendo mercancía a los mineros.

Junto con otros dos socios, abrieron una tienda en un pueblo al norte de Sacramento, la tienda se llamaba Macy & Company. Les fue muy bien, pero solo hasta que el oro se terminó y los mineros abandonaron la región. Entonces tuvieron que vender el negocio a un competidor y regresaron al este.

La siguiente aventura fue una tienda de productos no perecederos en Massachusetts. Macy desarrolló una filosofía única y diferente para las ventas; escribió y diseñó su propia publicidad; trabajo duro y persistentemente. Sin embargo, tampoco pudo triunfar en ese negocio y tuvo que cerrarlo.

Pero Macy no se sentía derrotado, él sabía que si se mantenía perseverando algún día lograría tener éxito en los negocios. Abrió otra tienda más y vendió mercancía a los precios más bajos del pueblo. Pero a pesar de sus innovaciones, su publicidad bien desarrollada y su trabajo duro, tampoco triunfó esta vez. Y después de tres años de lucha se declaró en bancarrota.

Un poco desanimado, trabajó por un tiempo como corredor de bolsa y luego como corredor de propiedades. Después se mudó a

Wisconsin en busca de otra oportunidad, pero era una época muy difícil financieramente y su sueño de hacer algo grande en esa ciudad se hizo añicos.

Finalmente, un amigo lo convenció para que hiciera un nuevo intento en el negocio de vender mercancía al por menor. Hasta ese momento, Macy había hecho seis intentos: cazador de ballenas, trabajador de imprenta, comerciante al por menor, minero, corredor de bolsa y corredor de propiedades. Y este sería su séptimo intento para tener un negocio productivo y exitoso.

Así que Macy, que, para ese entonces, tenía 35 años, decidió probar suerte en Manhattan. Y para su fortuna, allí las cosas resultaron muy diferentes. En 1858, Macy abrió su primera tienda. En su primer día, las ventas fueron de once dólares y seis centavos. Pero, después en tan solo doce meses estaban logrando ventas anuales de más de $85 mil dólares. Doce años después, en 1870, el promedio de ventas de las tiendas Macy's era superior a un millón de dólares al año.

Hoy en día, Macy es reconocido por varias de sus innovaciones:

—Tiendas por departamentos, precios fijos y compras en grandes cantidades, para poder ofrecer precios bajos a los clientes.

—Promover a la primera mujer como ejecutiva en toda la historia de las tiendas al por menor.

En 1877, Macy murió en Europa donde se encontraba comprando mercadería. Sin embargo, su negocio lo sobrevivió ampliamente. En 2015, Macy's tenía más de 885 tiendas en 45 estados de los EE. UU.; su fuerza laboral incluía más de 170 000 empleados y sus ganancias en 2014 fueron de aproximadamente 28 mil millones de dólares. Y todas esas tiendas existen gracias a un hombre perseverante.

Por eso, no te des por vencido, lucha y persevera. No importa cuántos fracasos tengas, cuántas pérdidas y desilusiones debas enfrentar, vuelve a levantarte e insiste hasta que logres hacer realidad tus sueños.

Sugerencias acerca de cómo cultivar la persistencia y la perseverancia en tu vida:

1. **Cumple con tu palabra:** La Biblia nos anima para que cuando hagamos una promesa a Dios, no tardemos en cumplirla, porque mejor es que no prometamos y no que prometamos y no cumplamos (Eclesiastés 5:4-6).

Si nos hemos comprometido a hacer algo, con nuestra familia, nuestra iglesia, o con Dios mismo, más vale que seamos perseverantes hasta lograr cumplir lo que hemos prometido.

2. **No seas perezoso:** Uno de los asistentes a nuestros grupos de crecimiento personal, me comentó acerca de los valores del grupo indígena quechua. Ellos tienen tres reglas fundamentales: No robes, No mientas, No seas flojo. Si no cumplen alguna de esas normas son expulsados de la tribu. De la misma manera, nosotros no deberíamos permitir la flojera ni la pereza en nuestra vida, sino todo lo contrario, esforzarnos por ser diligentes y perseverantes para cumplir con nuestras responsabilidades.

3. **Cultiva el hábito de terminar lo que comienzas:** Hay personas que tienen el mal hábito de abandonar todo lo que comienzan. Tienen mucha iniciativa, pero difícilmente terminan lo que comenzaron con tanto entusiasmo. Debemos convertirnos en la clase de personas que tenemos el buen hábito de terminar lo que comenzamos, así sea que nos cueste lucha, sacrificio, esfuerzo e, incluso a veces, hasta sudor y lágrimas.

El mensaje es muy claro: Cumple tu palabra. No seas flojo ni perezoso. Termina lo que comienzas, insiste, resiste, PERSEVERA y ¡¡VIVE TU SUEÑO!!

Querer

"Querer es poder, lo demás son excusas", ha sido un lema en mi vida. Porque creo que cuando queremos algo, haremos el esfuerzo necesario y encontraremos la forma para lograrlo; pero cuando no queremos, cualquier excusa es buena.

Muchas personas encuentran siempre razones para posponer decisiones importantes y de las cuales, quizás, podrían depender el éxito y la felicidad en sus vidas. Y a propósito de ello compartiré con ustedes una reflexión de Crystal Boyd:

«Nos convencemos a nosotros mismos de que la vida será mejor después de casarnos, después de tener un hijo y, quizá, después de tener otro. Entonces nos sentimos frustrados porque los hijos no son lo suficientemente grandes y pensamos que seremos más felices cuando crezcan. Después nos frustramos porque son adolescentes (difíciles de tratar). Ciertamente seremos más felices cuando salgan de esa etapa.

También podemos decirnos que nuestra vida estará completa cuando a nuestro esposo le vaya mejor, cuando tengamos un auto mejor o una casa nueva, cuando podamos ir de vacaciones, o cuando estemos retirados...

La verdad es que no hay mejor momento para ser felices que AHORA. ¿Si no es ahora, cuándo? Tu vida siempre estará llena de retos. Es mejor admitirlo y decidir ser felices de todas formas.

Una de mis frases favoritas es de Alfred D. Souza: "Por largo tiempo me parecía que la vida estaba a punto de comenzar; la vida de verdad. Pero siempre había algún obstáculo en el camino, algo que resolver primero, algún asunto sin terminar, tiempo por pasar, una deuda que pagar. Entonces la vida comenzaría. Hasta que me di cuenta de que esos obstáculos eran mi vida".

Y esa perspectiva me ha ayudado a ver que no hay un camino a la felicidad: la felicidad es el camino. Así que, atesora cada momento que tienes y mucho más cuando lo compartes con alguien especial.

Recuerda que la vida está hecha de ese tiempo, y que el tiempo no espera por nadie...

Así que, deja de esperar hasta que termines la escuela, hasta que vuelvas a la escuela, hasta que bajes diez libras, hasta que tengas hijos, hasta que tus hijos se vayan de casa, hasta que te cases, hasta que te divorcies, hasta el viernes por la noche, hasta el domingo por la mañana, hasta la primavera, hasta el verano, el otoño o el invierno... o hasta que mueras, para decidir que no hay mejor momento que éste para ser feliz... La felicidad es un trayecto, no un destino. Por eso, baila como si nadie te estuviera viendo, canta como si nadie te escuchara, ama como si nunca hubieran roto tu corazón y vive como si la tierra fuera el mismo ciel».

El momento de trabajar por nuestros sueños es ahora; el momento de ser felices y disfrutar de las cosas bellas y maravillosas que Dios nos regala, es ahora. **Si tú aprendes a ser feliz donde estás ahora, Dios te llevará a donde quieres estar.** Él ha prometido que te concederá los deseos de tu corazón. Pero mientras no aprendamos a independizarnos de las circunstancias, a ser felices y agradecidos donde estamos ahora, difícilmente Dios nos llevará a donde queremos ir.

Necesitamos aprender a vencer las limitaciones y dejar de colocar excusas. Eso fue lo que hizo José Antonio Meléndez Rodríguez, nacido en Nicaragua en 1962 , y más conocido como Tony Meléndez, quien, como consecuencia de un medicamento formulado y aplicado a su madre durante su embarazo, nació sin brazos.

Debido a las precarias condiciones de salud y a los escasos recursos que existían en Nicaragua en los años 60, la familia Meléndez decidió trasladarse a los Estados Unidos. Durante muchos años, la familia tuvo que acomodarse a vivir con muchas limitaciones económicas. Sin embargo, Tony trató de llevar una vida lo más normal posible; fue a la escuela; aprendió a jugar fútbol soccer durante la secundaria; aprendió a manejar carro; se casó y adoptó dos niños.

Tony usaba brazos artificiales, pero no se sentía a gusto con ellos y en más de una ocasión esos brazos fueron a parar al tarro de la basura.

El papá de Tony fue una figura muy importante en su vida; siempre lo estaba animando: «tienes que tratar de superarte, tienes que salir adelant». Fue su padre quien le dio las primeras lecciones para aprender a tocar la guitarra con los pies.

Hoy, Tony Meléndez se ha convertido en guitarrista, compositor y cantante, que se hizo muy famoso cuando realizó una presentación ante el Papa Juan Pablo II y 6000 jóvenes en el Teatro Universal de Los Ángeles, el 15 de septiembre de 1987.

Ese día, después de hacer su presentación y tocar la guitarra con los pies, el Papa se acercó a la plataforma donde se encontraba Tony, lo besó, lo felicitó y le dijo: «Tony, eres verdaderamente un joven muy valiente. Eres un ejemplo de esperanza para todos nosotros. Mi deseo para ti es que continúes dando esperanza a todo el mund».

Seguramente esas palabras animaron a Tony a escribir un libro titulado *Un regalo de esperanza,* y a difundir su música y su ejemplo de superación a través de charlas y conciertos motivacionales.

Tony ha ganado reconocimientos como mejor vocalista masculino del año en 2000, 2002 y 2004. En 2002 fue el artista del año. Tony ha recibido importantes reconocimientos por su trabajo motivacional, especialmente entre los jóvenes; incluso por parte del expresidente Ronald Reagan, quien se refirió a Tony Meléndez como «Un modelo positivo para Améric».

Tony escribió otro libro cuyo título, *No me digas que no puedes*, está asociado a un lema que él repite constantemente: «No me digan que no pueden, porque ustedes pueden hacer mucho, mucho más, solo levántense y digan yo quiero, yo puedo, voy a moverme para adelante, tienen un mundo que solo está esperando que ustedes digan que sí puede».

Si Tony Meléndez, sin sus brazos, puede llevar un mensaje de amor y esperanza al mundo, tocando su guitarra con los pies, ¿cuánto más podemos hacer nosotros que, por la misericordia de Dios, estamos completos y no nos falta nada?

Te animo para que no coloques excusas; para que creas que puedes lograr lo que te propongas, porque Dios está contigo, y Él te da y te seguirá dando el valor y los recursos que necesitas para lograrlo. Tú tienes una misión que cumplir; tienes un propósito divino que hará una diferencia en tu vida y en las personas a tu alrededor; pero no coloques excusas.

Cuando sientas que Dios no puede usarte, recuerda:

—Noé se emborrachó
—Abraham y Sara eran viejos
—Jacob era un engañador
—Lea era poco atractiva
—Moisés era tartamudo y asesinó a un hombre.
—Gedeón tenía miedo
—Ruth era viuda
—Sansón tenía el cabello largo y era un mujeriego
—Rahab era una prostituta
—David fue un adúltero y asesino
—Jonás fue desobediente
—Elías sufría de depresión
—Zaqueo era de baja estatura
—Los discípulos se quedaron dormidos mientras Jesús oraba
—Martha se preocupaba por todo
—María Magdalena estaba poseída por demonios
—La mujer Samaritana era divorciada

—Pedro negó a Jesús
—Timoteo era muy joven y tenía una úlcera y
—Lázaro estaba muerto...

Entonces, ¿cuál es tu excusa? Todos tienen una excusa, pero Dios tiene la solución; porque si Dios buscara gente perfecta con quien trabajar, se quedaría solo, sin nadie para trabajar.

Cuando Dios te da una visión también te da la provisión; cuando Dios coloca un sueño en tu corazón no es para que te acuestes a dormir; es para que te levantes y lo cumplas. Y en el proceso, Dios te dará los recursos, las fuerzas y la sabiduría para llevarlo a cabo. Por eso, no permitas que nada ni nadie te detenga en el cumplimiento del propósito para el cual Dios te creó.

La Biblia narra la historia del ciego Bartimeo, quien comenzó a llamar a Jesús a gritos, diciendo: «Jesús, hijo de David, ten misericordia de m». Jesús lo manda a llamar y le pregunta:

—¿Qué quieres que te haga?

Es posible que Jesús le haga esa pregunta porque existía la posibilidad de que Bartimeo quisiera una limosna o una capa nueva. Pero no era así, Bartimeo sabía con absoluta claridad lo que quería y como resultado recibió su milagro y pudo ver (Marcos 10:46-52). Por eso, es muy importante que tú también tengas claridad: ¿Cuál es tu sueño?, ¿Qué es lo que realmente quieres?

Una vez que sabes lo que quieres, deja a un lado las excusas y comienza a trabajar, porque como bien dicen: "Si no soy yo, entonces ¿quién? Si no es ahora, entonces ¿cuándo?".

QUERER ES PODER, LO DEMÁS SON EXCUSAS. Decide qué quieres realmente; abandona las excusas; trabaja por lo que quieres, hasta que recibas un milagro y ¡¡VIVE TU SUEÑO!!

Reflexión

John Maxwell enseña en su libro *Las 15 Leyes indispensables del crecimiento personal* acerca de la ley de la Reflexión, que consiste en hacer una pausa en nuestro camino para evaluar el progreso que estamos haciendo en nuestras metas y objetivos.

Maxwell dice: «Si una persona va por el camino equivocado, no necesita motivación para ir más rápido, lo que necesita es detenerse, reflexionar y cambiar el curs». Además, es muy importante reflexionar acerca de nosotros mismos; cuáles son nuestras fortalezas, nuestras debilidades, nuestros valores y examinar si estamos viviendo de acuerdo a ellos.

En el libro *Cómo piensa la gente exitosa*, Maxwell cuenta acerca del hábito y rutina de la reflexión que usaba S. Truett Cathy, uno de sus amigos personales y el fundador de los restaurantes de comida rápida Chick Fil-A. Cathy tenía la costumbre de dedicar tiempo a reflexionar: media hora todos los días; medio día una vez a la semana; un día completo una vez al mes; y, mínimo, dos o tres días al año. Este hábito le ayudó a convertirse en el empresario que transformó un simple restaurante de comida rápida en el imperio multimillonario de Chick-fil-A.

Al parecer Truett Cathy nació para los negocios. Cuando estaba en segundo grado, descubrió que podía comprar una caja de seis botellas de Coca-Cola por veinticinco centavos y vender cada una en cinco centavos, ganándose un veinte por ciento.

No pasó mucho tiempo que comprara bebidas gaseosas por cajas, las ponía en hielo y luego las vendía. De esa manera comenzó a aumentar su capital. Cuando empezó a hacer frío y bajaron las ventas de bebidas frías, inició el comercio de revistas. A los once años, ayudó a un vecino en su ruta de distribución del periódico. Un año más tarde, Cathy ya tenía su propia ruta.

Como muchos jóvenes de esa época, Truett se alistó en el ejército y sirvió a los EE. UU. durante la Segunda Guerra Mundial. Después de su regreso, Cathy estaba listo para buscar su oportunidad. Lo que más le atraía era abrir un restaurante, y su sueño era trabajar con Ben, uno de sus hermanos. Después de haber aprendido algo sobre el negocio de los restaurantes, juntaron un poco de dinero, consiguieron un local en el sur de Atlanta, Georgia, y en 1946 abrieron un restaurante con el nombre de Dwarf Grill.

Ese restaurante estaba abierto las veinticuatro horas del día, seis días a la semana y, aunque requería una increíble cantidad de trabajo, empezó a dar ganancias desde el primer momento. Pero no pasaría mucho tiempo antes que Truett Cathy tuviera que enfrentar una serie de tragedias en su vida.

La primera vino solo tres años después de que abrieron el restaurante. Dos de los hermanos de Truett iban en una avioneta privada que se accidentó camino a Tennessee. Ambos murieron. Cathy no solo perdió a su socio en el restaurante, sino que perdió a sus dos hermanos al mismo tiempo. Truett se sentía destrozado. Sin embargo, una vez que logró sobreponerse a ese duro golpe emocional, decidió seguir adelante con el negocio del restaurante.

Un año después contrató a Eunice, la viuda de Ben, su hermano, para que trabajara con él en el negocio, y unos meses más tarde abrió su segundo restaurante. En ese momento las cosas iban bastante bien. Hasta que una noche lo despertó una llamada telefónica. Se había ocasionado un incendio en su segundo restaurante. Cuando llegó vio que el fuego había destruido todo. Y lo peor no fue eso, sino que ni siquiera tenía un seguro contra incendios para cubrir las pérdidas.

Unas pocas semanas después, Truett tuvo que enfrentar otra difícil situación. Descubrió que tenía tumores en el colon y que tendría que someterse a una cirugía. El momento no podía ser más inoportuno e inadecuado. En lugar de dedicar su tiempo y energía para reconstruir el restaurante, Cathy tuvo que internarse. Una operación se transformó en dos y para aumentar su desánimo, tuvo que estar varios meses alejado del trabajo.

Para Cathy, un hombre de negocios, tan productivo y energético, ese tiempo de convalecencia y recuperación se le hizo eterno. A veces, de alguna manera, la vida y las circunstancias nos llevan a hacer un alto en el camino. Muchas veces, cuando menos lo esperamos, nos golpea una enfermedad, un despido del trabajo, una pérdida financiera, un divorcio, un abandono o la muerte de un ser querido. Y aun cuando es algo inesperado y que nos golpea duramente, debemos aprender a sacar el mejor provecho de esas circunstancias: «Si la vida te da limones, ¡¡haz limonada!».

Y eso fue exactamente lo que hizo Truett Cathy. El tiempo que se mantuvo alejado del negocio lo inspiró para darle vueltas a un nuevo concepto. A él siempre le había gustado el pollo, de hecho, había sido parte importante del menú de sus restaurantes. Por un tiempo, el restaurante había incluido en el menú pechuga de pollo sin hueso ¿Qué pasaría, se preguntó Cathy, si tomo la pechuga de pollo, la sazono, la frío y luego la sirvo en medio de pan?

La respuesta fue el famoso sándwich de «Chick-fil-».y esa brillante idea fue el comienzo de la cadena personal de restaurantes más grande del mundo. Hoy, Truett Cathy es reconocido en la industria de la comida rápida como el inventor del sándwich de pollo. En el año 2000 Chick-fil-A llegó a ser una compañía multimillonaria, vendiendo millones de emparedados de pollo e innumerables galones de su famosa limonada recién hecha. Chick-fil-A, abrió local tras local, y se convirtió en un imperio con más de 1800 restaurantes en todos los EE. UU. y más de 5000 millones de dólares en ventas anuales.

Truett Cathy, además de ser un hombre de negocios, fue un cristiano devoto, cuyas creencias y valores espirituales tuvieron un gran impacto en la compañía. El propósito oficial de Chick-fil-A es «Glorificar a Dios, siendo fieles administradores de todo lo que les ha sido confiado y tener una influencia positiva en todos aquellos que entren en contacto con Chick-fil-». Sus fuertes convicciones religiosas también influyeron en una de las políticas distintivas de la empresa, y es que todos sus restaurantes están cerrados los domingos, con el propósito de que todos sus empleados puedan tomar un tiempo de descanso y reflexión para honrar a Dios, asistiendo a sus iglesias y compartiendo con sus familias.

Truett Cathy falleció a la edad de 93 años y vivió una vida larga y próspera, a pesar de que tuvo que enfrentar tragedias, fracasos y, en los últimos años, una fuerte oposición, a causa de su postura en favor del matrimonio de acuerdo a los principios bíblicos. Cathy fue un hombre que honró a Dios al aplicar los principios y valores bíblicos a su vida personal y a sus negocios.

Para aplicar la ley de la Reflexión a tu vida:

Encuentra un tiempo y un lugar para alejarte cada día:

Los grandes líderes de la historia han sido personas que pasaban tiempo a solas para pensar, reflexionar, y evaluar sus ideas, planes y estrategias. La Biblia nos narra que Jesús se apartaba a lugares desérticos para estar a solas y orar. Si Jesús, el hijo de Dios, necesitaba estar a solas y, con frecuencia, se alejaba del ruido y de las multitudes, ¿cuánto más nosotros necesitamos un lugar y ese tiempo de reflexión?. En ese tiempo, podemos orar por nuestros sueños, meditar en la Palabra de Dios y recibir Su fortaleza y dirección.

Cada noche, devuelve la película mental de lo que hiciste durante el día:

Jim Rohn, experto en crecimiento personal, dijo: «Al final de cada día, debería volver a poner las cintas de su desempeño. Los resultados deberían o bien aplaudirle o darle un codaz». Evaluar las actividades que realizamos durante el día es un hábito, que puede beneficiarnos mucho, si observamos los resultados que obtuvimos durante ese día y hacemos los cambios necesarios para mejorar.

Practica lo que se llama «La hora silencios».

Gary Desmond, uno de los directivos de una empresa multimillonaria de arquitectura llamada HBD, dice: «las interrupciones son el peor enemigo de la creativida». para evitar eso su empresa tiene todos los días , de 10:00 a 11:00 de la mañana, lo que ellos llaman «La hora silencios».

Durante ese tiempo, ninguno de los empleados de la empresa puede comunicarse con nadie ni dentro ni afuera de la oficina. Todos están concentrados en sus escritorios y la meta es enfocarse en desarrollar el trabajo que tienen que realizar para los clientes, de tal manera que puedan darles una mejor calidad de servicio. Y debido a esta «Hora silencios». tanto los empleados como los clientes, reportaron mejores resultados; tanto que pidieron que colocaran otra «Hora silencios».durante la tarde.

Por último, es muy importante que durante el tiempo de reflexión aprendamos a hacernos buenas preguntas: ¿Cómo puedo ofrecer un mejor servicio a mis clientes? ¿Cómo puedo manejar mejor mi tiempo? ¿Cómo puedo mejorar mi relación con mi pareja, con mis hijos, con mi jefe y con Dios? Todas estas preguntas nos ayudarán a evaluar y a tomar los correctivos necesarios para mejorar.

En la Biblia se nos amonesta, a través del profeta Hageo, a meditar sobre nuestros caminos; por eso la práctica de la reflexión y meditación puede ayudarnos a lograr nuestros sueños, a la vez que agradamos a Dios y hacemos una diferencia en el mundo a nuestro alrededor.

Toma un tiempo para REFLEXIONAR y meditar; haz los cambios necesarios y ¡¡VIVE TU SUEÑO!!

Resiliencia

Resiliencia es la capacidad de las personas para superar las dificultades y transformarlas en experiencias útiles para mejorar.

José, personaje bíblico, hijo de Jacob y Raquel, nos ofrece un buen ejemplo de resiliencia. Fue arrojado a un pozo por sus hermanos, vendido luego como esclavo y llevado a Egipto, en donde trabajaría como sirviente; lejos de su familia, ajeno a la cultura y al idioma de ese país.

Falsamente acusado de intento de seducción sexual por la esposa de Potifar, amo de José y capitán de la guardia del Faraón, fue encarcelado. Finalmente, demostraría su inocencia, asumiendo siempre una actitud leal a su amo e indulgente con quienes le habían hecho daño.

Además, como Dios le había dado el don para interpretar los sueños, logró acertar el significado de un sueño del Faraón que revelaba una futura y terrible escasez en el mundo; y cuyo pronóstico permitió almacenar alimentos en época de cosecha y abundancia; logrando de tal manera que, gracias a la sabiduría de José, el pueblo de Egipto sobreviviera a un difícil período de hambruna que asolaría toda la tierra.

José dice a sus hermanos: «Es verdad que ustedes pensaron hacerme mal, pero Dios transformó ese mal en bien para lograr lo que hoy estamos viendo: salvar la vida de mucha gent».(Génesis 50:20 NVI).

Y esa es la actitud de una persona resiliente: pensar que por mala, difícil o negativa que sea una situación, siempre hay algo bueno que puede salir de eso.

Nietzsche dijo: «Lo que no te mata, te hace más fuert». Esa es la idea de la resiliencia, usar nuestras tragedias, sufrimientos y fracasos para convertirnos en una mejor persona. Además, convertir esas duras circunstancias en una plataforma de lanzamiento para llegar a un nivel más alto e, incluso, ¿por qué no? ayudar a otros a superar sus crisis y dificultades.

Resiliencia fue también la que tuvo «Cand».Lightner, fundadora de «Madres contra conductores borracho».(MADD por sus siglas en inglés). El 3 de mayo de 1980, la hija de Candy, Cari, con solo trece años, fue arrollada por un conductor ebrio, mientras caminaba con una amiga por una calle en Fair Oaks, California.

El conductor del carro, quien llevaba tres días bebiendo, ni siquiera se detuvo para ofrecerle ayuda. La dejó tendida en medio de la calle. Cuando la madre de Cari recibió la devastadora noticia, al comienzo no podía creerlo, pero cuando se dio cuenta de que era verdad, comenzó a gritar y a llorar hasta que finalmente no pudo más y se desmayó.

Las heridas que sufrió Cari fueron tan graves, que cuando su madre quiso donar sus órganos no pudo hacerlo, ya que los médicos le informaron que estaban completamente mutilados. El hombre que mató a Cari tenía un registro de varias ofensas por conducir borracho e, incluso, había estado preso por ese motivo, pero había salido de la cárcel pocos días antes con una fianza.

La madre de Cari conoció el historial del hombre y la condena tan leve que tendría que cumplir por ese homicidio, menos de dos años y se prometió a sí misma que lucharía para que la muerte de su hija adolescente sirviera para evitar que a otros les sucediera lo mismo. Fue entonces cuando decidió comenzar una organización e iniciar una campaña para crear conciencia de los serios peligros de conducir en estado de embriaguez.

Candy unió fuerzas con la madre de Laura Lamb, una niña de tan solo cinco años y medio que vivía en Maryland, y también fue atropellada por un conductor borracho. Debido al accidente, la pequeña Laura se convirtió en la persona tetrapléjica más joven de todos los EE. UU. Laura quedó en una silla de ruedas y lo único que podía mover eran sus ojitos.

Candy Lightner apareció en importantes programas de televisión, habló ante el Congreso de los EE. UU. y trabajó incansablemente durante años para promover una nueva legislación más fuerte en contra de los conductores borrachos. Uno de los grandes logros de este grupo de Madres contra los conductores borrachos, fue cuando por su labor se impuso una ley federal que impulsaba a todos los estados de los EE. UU. para que fuera ilegal vender bebidas alcohólicas a menores de 21 años.

Este grupo proclama que el índice de conductores ebrios ha bajado a la mitad desde que estas madres iniciaron su campaña. Por su labor incansable, cientos de miles de vidas se han salvado, y Candy Lightner recibió un reconocimiento presidencial, un doctorado honorario en humanidades y servicio público y fue el tema de una película.

De eso se trata la resiliencia: de transformar una tragedia, o una circunstancia de extremo dolor en la vida, en algo que nos hace más fuertes con el propósito de ayudar a otros.

Otro ejemplo es el de Bethany Hamilton, la surfista de trece años, que perdió un brazo cuando fue atacada por un tiburón en las playas de Hawai. Con el apoyo amoroso de su familia, logró superarse y volver a participar en las competiciones profesionales, convirtiéndose en un ejemplo para miles de personas alrededor del mundo. Su historia se ha contado en una película, *Alma de surfista*.

Y así, se podría contar historia tras historia: Anna Frank, Nelson Mandela y muchos otros que han practicado la resiliencia.

Nuestro desafío es convertirnos en personas resilientes. Las dificultades y las tragedias van a llegar a nuestra vida. Tarde o temprano, tendremos que vernos cara a cara con el dolor, pero con la ayuda de Dios, podemos decidir de antemano que cuando la adversidad toque a nuestra puerta, podremos superarla, con la esperanza de que al final esa situación se convertirá en una bendición para nosotros.

La resiliencia es un término relativamente nuevo que usa la psicología positiva para referirse a las personas que logran florecer en medio de las más difíciles circunstancias. La resiliencia se puede aprender cuando desarrollamos en nuestra vida:

—Elevada autoestima
—Alto grado de disciplina y responsabilidad
—Reconocimiento y desarrollo de nuestras propias capacidades

—Mente abierta y receptiva a nuevas ideas
—Disposición para soñar
—Gran tolerancia al sufrimiento
—Un propósito significativo en la vida
—Fe y esperanza, entre otros

Y esto último, una actitud de fe y esperanza en la vida, es sumamente importante para ser personas resilientes. Jesús nos advirtió que en el mundo tendríamos aflicción, pero también nos dijo que tuviéramos confianza en Él, porque Él estaría con nosotros todos los días hasta el fin del mundo.

En Romanos 8, Dios nos dice que somos más que vencedores y que, a los que amamos a Dios, todas las cosas nos ayudan para nuestro beneficio. Esa debe ser nuestra esperanza, que pase lo que pase en nuestra vida, Dios está en el control y Él puede convertir cualquier circunstancia, por mala que sea o parezca, en algo que al final obre para nuestro bien.

He pasado por situaciones muy difíciles en mi vida: la separación de mis padres, abuso sexual en la niñez, una enfermedad bipolar de mi hermanita menor, un divorcio, un diagnóstico de cáncer y la pérdida de todo lo que representaba estabilidad y seguridad en mi vida.

Sin embargo, a pesar de mis problemas, errores y fracasos, por la gracia de Dios, he podido levantarme; y hoy busco, cada día, ser una mejor persona, una persona resiliente que ha aprendido a levantarse de las ruinas y volver a construir, a la vez que me he convertido en una persona más compasiva y sensible al dolor ajeno.

Con la ayuda de Dios, hoy soy una persona diferente, preparada, no solo por los estudios que he realizado, sino por la universidad del sufrimiento en la vida, que me permiten ayudar, animar e inspirar a otros para seguir adelante.

No olvides practicar la RESILIENCIA; conviértete en alguien determinado a superar las dificultades de la vida; transforma los problemas en oportunidades, tus fracasos en plataformas de lanzamiento y ¡¡VIVE TU SUEÑO!!

S

Sabiduría

Adquiere sabiduría, adquiere entendimiento;
no olvides mis palabras ni te apartes de ellas.
No abandones nunca a la sabiduría,
y ella te protegerá;
ámala, y ella te cuidará.
La sabiduría es lo primero. ¡Adquiere sabiduría!
por sobre todas las posesiones, adquiere discernimiento.
Estima a la sabiduría, y ella te exaltará;
abrázala, y ella te honrará.

PROVERBIOS 4:5-8 (NVI)

En Proverbios Dios nos anima a adquirir sabiduría, sobre todas las cosas. Proverbios, libro sagrado, cuyo contenido proclama la importancia de la sabiduría en la vida de los seres humanos, fue escrito por Salomón, rey de Israel, a quien, según la historia bíblica, Dios se le apareció en sueños y le dijo: "Pide lo que quieras y yo te lo daré".

Y Salomón le respondió: "Concédeme un corazón prudente para gobernar a tu pueblo y saber discernir entre lo bueno y lo malo...". El Señor vio con buenos ojos que Salomón hubiese pedido tal cosa y le dijo: "Porque has demandado esto, y no pediste para ti muchos días, ni pediste para ti riquezas, ni pediste la vida de tus enemigos, sino que demandaste para ti inteligencia para oír juicio, voy a obrar conforme a tus palabras: Te he dado un corazón sabio y entendido, tanto que no ha habido antes de ti otro como tú, ni después de ti se levantará otro como tú. También te he dado las cosas que no pediste, riquezas y gloria, de tal manera que entre los reyes ninguno haya como tú en todos tus días". (1 Reyes 3:11-13)

Al igual que Salomón, pidamos entonces a Dios sabiduría y Él nos la dará. Porque, sin duda, la sabiduría será para nuestras vidas un instrumento muy valioso, que contribuirá significativamente a hacer realidad nuestros sueños.

Lo contrario de ser sabios es ser necios. Hay varios relatos en la Biblia que nos hablan de este tema. Jesús cuenta la parábola de un hombre rico que estaba pensando derribar sus graneros y hacerlos más grandes para guardar todos sus frutos. Dios le dijo: «Necio, esta noche vienen a buscar tu alma y todo lo que has construido, ¿de quién será».(Lucas 12:13-21).

Esta parábola nos advierte sobre el peligro de distraernos tanto trabajando para tener riquezas, que olvidamos ser generosos con Dios y con nuestros semejantes. Pero no debemos interpretarlo en el sentido de que está mal trabajar y ahorrar; sino que debemos ser sabios y ordenar bien nuestras prioridades para no perder el balance; cuidando todas las áreas de nuestra vida e incluyendo, por supuesto, nuestra vida espiritual.

Otro ejemplo es la historia del hombre sabio y el hombre necio que construyeron dos casas (Mateo 7:24-27). Incluso hay una canción con ese tema, que dice así:

«El hombre necio su casa construyó, sobre la arena, floja la dejó.
Vinieron lluvias y el río se desbordó y la casa se cayó.
El hombre sabio su casa construyó, sobre la roca sólida quedó.
Vinieron lluvias y el río se desbordó y la casa no cayó».

Esa canción me recuerda también uno de mis cuentos infantiles favoritos, el del lobo y los 3 cerditos. Cada uno de los cerditos iba a construir su casa, uno la hizo de paja, el otro de madera y el tercero la construyó de ladrillo. Cuando vino el lobo para comerse a los cochinitos, tocó a cada una de las puertas y como no le quisieron abrir dijo: «Soplaré y soplaré, y tu casa tumbar». Y, por supuesto, el lobo pudo derribar la casa de paja y la casa de palitos de madera; pero al llegar a la casa de ladrillo, por más que sopló y sopló, no la pudo derribar.

Uno de los recuerdos más hermosos que tengo de la época en la que mis hijos eran pequeños y estaban creciendo, es cuando me pedían que les contara y dramatizara la historia del lobo y los cerditos.

Y si bien es un cuento infantil, sería bueno reflexionar sobre la enseñanza que nos puede dejar y valdría la pena preguntarnos: ¿Cómo estamos edificando nuestra casa? ¿Estamos siendo necios o estamos siendo sabios? ¿Estamos construyendo nuestros sueños sobre arena movediza o sobre la roca, que representa a Dios y a su Palabra?

Si no tenemos el fundamento correcto, puede suceder que todo lo que logremos no nos traiga satisfacción verdadera.

Salomón nos narra que él buscó el éxito y la felicidad en todas partes: placer, riquezas, mujeres, construyó casas, contrató sirvientes, cantores y amontonó los tesoros más preciosos. No le negó nada a sus ojos, ni a su corazón; sin embargo llegó a decir: «Todo eso es vanidad y aflicción de espírit».(Eclesiastés 1-3).

Con base en su experiencia, Salomón aconsejó: «Goza de la vida con la mujer que ama».(Eclesiastés 9:9) y «goza del fruto de tu trabaj». (Eclesiastés 2:24).Y, finalmente dijo: **«El fin de todo el discurso es este: Teme a Dios y guarda sus mandamiento»**.(Eclesiastés 12:13).

Todo lo que construyamos, tarde o temprano, podría ser derribado y no quedar nada de aquello que tanto nos hemos esforzado en construir. La Biblia nos dice **«La mujer sabia edifica su casa, mas la necia con sus manos la derrib»**.(Proverbios 14:1).

Yo fui necia. En mi matrimonio, durante muchos años dejaba que cualquier cosa, por pequeña que fuera, llenara mi corazón de amargura. Me alejé, construyendo una muralla de separación entre los dos. Y como consecuencia, yo le abrí la puerta a la infidelidad y mi matrimonio terminó en divorcio. Perdí todo lo que para mí representaba mi identidad, estabilidad y seguridad; lo perdí todo. Solo me quedó culpa, soledad y dolor; hasta el punto de no tener ganas de seguir viviendo.

Era tanta mi desesperación, que un día me paré en medio de la carrilera por donde pasaba el tren y le pedí a Dios que el tren pasara en ese momento y terminara con mi dolor y sufrimiento.

Pero, Dios tuvo misericordia de mí, su gracia, junto al amor de mis hijos, me ayudó a seguir adelante. Estando sumida en la más terrible depresión, escuché la reflexión con la que se inicia este libro, acerca de qué hacen las personas después de un desastre natural.

Cuando ha pasado un huracán y derriba tu casa, no te quedas sentado sobre los ladrillos mirando los escombros por el resto de tu vida. No, no puedes darte ese lujo, tienes que levantarte y volver a construir tu casa nuevamente.

De la misma manera, si por nuestra necedad y falta de sabiduría nuestra casa se derrumba, no podemos quedarnos paralizados por el resto de nuestra vida. Tenemos que pedir perdón, buscar ayuda y comenzar a construir poco a poco, pero esta vez con más sabiduría.

Y eso es lo que Dios me ha permitido hacer, con su ayuda, el apoyo de mis hijos y de los pastores de mi iglesia, reconstruir mi vida, siguiendo cada vez más el camino de la sabiduría.

No seas necio(a), no derribes tu hogar, tu negocio, tu empresa o tu iglesia con tus propias manos. Construye con sabiduría.

La Palabra de Dios dice: «**El temor del Señor es la verdadera sabiduría; apartarse del mal es el verdadero entendimient**».(Job 28:28 NTV). Y añade: «**Con Dios está la sabiduría y el poder; suyos son el consejo y el entendimient**».(Job 12:13)

Si queremos ser sabios, debemos tener en cuenta lo siguiente:

Ser personas temerosas de Dios: Aquí temor no significa miedo, sino una actitud reverente que implica respeto y obediencia a los mandamientos de Dios.

Por experiencia, sé que es más fácil actuar como necios que ser sabios; pero es entonces cuando el Espíritu Santo viene a nuestro rescate; cuanto más buscamos su orientación, más Él nos guía y nos da sabiduría para aplicar a nuestras vidas los principios que nos ayudarán a vivir una vida agradable delante de Dios y de los hombres.

Pedir a Dios sabiduría: «Y si alguno de vosotros tiene falta de sabiduría, pídala a Dios, el cual da a todos abundantemente y sin reproche, y le será dad».(Santiago 1:5). Esa es una oración que Dios siempre responderá.

Cultivar buenas amistades: «El que anda con sabios, sabio será, mas el que se junta con necios será quebrantad».(Proverbios 13:20). Uno de los grandes impulsores del crecimiento personal, Jim Rohn, decía que nos convertimos en el promedio de las cinco personas con las que pasamos más tiempo, por eso debemos seleccionar muy bien las personas que influencian nuestra vida.

Hace mucho tiempo leí la historia de un rabino que se encontraba meditando al lado de la playa. Mientras tanto, unos niños estaban construyendo un castillo sobre la arena. Los niños pasaron toda la tarde con sus palas y baldes, hicieron un hermoso castillo de arena, pero de repente la marea comenzó a subir y una ola vino y derribó el castillo.

El rabino se quedó observando a los niños, intrigado de lo que iban a hacer, ¿cómo iban a reaccionar?, ¿llorarían?, ¿se enojarían? Cuál sería su sorpresa, cuando vio que los niños se tomaron de la mano, agarraron sus palas y cubetas, se alejaron de la orilla y comenzaron a construir nuevamente.

Y esto fue lo que dijo el rabino como conclusión a su observación: «Tarde o temprano, una ola vendrá y derribará todo aquello que hemos tardado tanto en construir; solo aquellos que tienen con quien tomarse de la mano y volverse a levantar, son los que podrán volver a construi».

Hoy puedo decir que Dios ha restaurado mi vida completamente; y en gran parte se lo debo a aquellas personas que tomaron mis manos y me ayudaron a volver a comenzar.

Mientras sigues luchando para hacer realidad tus sueños, teme a Dios y guarda sus mandamientos; pide a Dios sabiduría; procura cultivar y mantener relaciones con personas que actúen con ¡¡SABIDURÍA y VIVE TU SUEÑO!!

Servicio

Martin Luther King Jr., ministro bautista y líder del movimiento por los derechos civiles en Estados Unidos, dijo:

«La pregunta más urgente y persistente en la vida es:
¿Qué estás haciendo por los demás?
«No todos pueden ser famosos, pero todos pueden ser grandiosos,
porque la grandeza está determinada por el Servici».

John F. Kennedy, expresidente de los Estados Unidos, dijo:

«No te preguntes qué puede hacer tu país por ti,
pregúntate qué puedes hacer tú por tu país».

A veces, nuestro enfoque está más orientado hacia qué puedo recibir de mi pareja, de mi empresa, de mi iglesia, de mi comunidad o de mi país. Sin embargo, nuestro enfoque debería ser: ¿cómo puedo yo servir a los demás? o ¿cómo puedo hacer una diferencia en el mundo que me rodea?

Muchas personas han trabajado por un sueño o por una causa, aunque eso implicara arriesgar sus propias vidas. El siglo XX, por ejemplo, fue un tiempo donde se vivió una gran lucha contra la injusticia racial, en el que se han destacado grandes líderes, como Mahatma Gandhi, Martin Luther King Jr. y, el último y más carismático, Nelson Mandela.

Nelson Mandela nació en 1918, y era hijo del jefe de una tribu sudafricana. Su nombre original significaba «revoltos». pero a los siete años, con el fin de que pudiera asistir a la escuela cristiana metodista, fue bautizado con el nombre de Nelson. Debido a la muerte de su padre, Nelson quedó al cuidado de un primo suyo, con el que se aficionó a escuchar a los jefes de las tribus y comenzó a tomar conciencia del sentido de la justicia.

Cuando cumplió los dieciséis años pasó a formar parte del consejo tribal. Tres años después, en 1937, ingresó en un internado para negros, para cursar estudios superiores. Pero cuando en 1941 se enteró de que su primo le había concertado un matrimonio no deseado, Mandela resolvió abandonar su aldea y partió hacia Johannesburgo. Allí conoció a Walter Sisulu, quien influyó decisivamente en su vida y en sus ideas políticas. También le ayudó a conseguir trabajo y a finalizar sus estudios de derecho y, además, le presentó a su prima Evelyn, con quien Nelson contraería matrimonio en 1944.

Sisulu identificó las grandes cualidades de liderazgo que tenía Nelson Mandela y lo introdujo en el Congreso Nacional Africano, que era un movimiento de lucha contra la opresión que padecían los negros sudafricanos. En 1948, el Partido Nacional llegó al poder en Sudáfrica, creando un régimen aún más fuerte en contra de las personas de raza negra. Promulgaron numerosas medidas de discriminación, como prohibir que los negros ocuparan puestos de trabajo cualificados o que participaran en el censo electoral. Un decreto de 1949 prohibió los matrimonios mixtos entre blancos y negros e implementó otras leyes que incluían la separación entre blancos y negros en los lugares públicos como las playas, las fábricas y aun en los transportes públicos.

Ante esa situación, y bajo la inspiración de Mahatma Gandhi, el Congreso Nacional Africano hizo una oposición pacífica. Además, la Liga de la Juventud del Congreso, presidida por Mandela en 1951, organizó campañas de desobediencia civil no violentas contra todas esas leyes discriminatorias, donde el gobierno detuvo a más de 8000 personas negras de la oposición, incluyendo a Nelson Mandela.

Nelson Mandela ya había establecido, en Johannesburgo, el primer bufete de abogados negros en su país y era uno de los líderes del Congreso Nacional Africano que luchaba contra el racismo. Por esta causa fue llevado preso y tuvo que cumplir varias condenas, de las que fue liberado en 1955.

En 1956, se agudizó el régimen racista al crear el gobierno siete reservas en las que se pretendía confinar a la mayoría negra, que en ese momento representaba más del 70% de la población. Esa medida condenaba a los negros, no sólo a la marginación, sino también a la miseria, porque aquellas tierras no podrían ser usadas para la agricultura o la industria, al no permitir el gobierno su explotación, además de estar superpobladas.

Como era de esperarse, el Congreso Nacional Africano respondió con fuertes manifestaciones y boicots que condujeron a la detención de la mayor parte de sus dirigentes. Mandela fue acusado de alta traición y permaneció detenido por varios meses. Esos hechos causaron que los líderes del Congreso Nacional Africano se convencieran de la imposibilidad de continuar su lucha pacíficamente.

En 1961, con Mandela en libertad nuevamente, crearon un nuevo movimiento clandestino de sabotaje y un brazo armado del Congreso Nacional Africano, llamado la Lanza de la Nación, dirigido por Nelson Mandela, cuya estrategia era atacar instalaciones de importancia económica o de valor simbólico, sin atentar contra las vidas humanas.

En 1962, Mandela viajó por diversos países africanos recaudando fondos, recibiendo instrucción militar y haciendo propaganda de la causa sudafricana. A su regreso, Mandela fue detenido y condenado a cinco años de cárcel. Estando en prisión, Mandela fue declarado culpable de sabotaje, traición y conspiración violenta para derrocar al gobierno nacional y condenado a cadena perpetua. Estuvo encarcelado, en las más duras condiciones durante 27 años, a pesar de todas las peticiones internacionales para que fuera puesto en libertad. Mandela se convirtió en un símbolo de la lucha contra el racismo y en una figura que representaba el sufrimiento y la falta de libertad de todos los negros sudafricanos.

Finalmente, Frederik De Klerk, presidente de la República por el Partido Nacional, cedió ante la presión y decidió abrir el camino para acabar con tanta discriminación racial. En febrero de 1990 legalizó el Congreso Nacional Africano y liberó a Mandela, quien le ayudó a construir una transición hacia un gobierno democrático, antirracista y antidiscriminatorio. A pesar de lo difícil del proceso, Mandela y

De Klerk pudieron culminar con éxito las negociaciones y ambos compartieron el Premio Nobel de la Paz en 1993.

Las elecciones de 1994 convirtieron a Mandela en el primer presidente negro de Sudáfrica, desde donde trabajó incansablemente por la reconciliación nacional y construcción de una nación para todos los sudafricanos, sin distinción del color de la piel.

Por su integridad, servicio y dedicación a la causa contra el racismo y la injusticia, Nelson Mandela supo ganarse el respeto, respaldo y admiración del mundo entero, y es considerado una de las figuras más carismáticas e influyentes del siglo XX.

La historia de Nelson Mandela puede servirte de inspiración para lograr tu sueño, por difícil que parezca, si estamos dispuestos a dedicar nuestra vida al servicio de una causa y un ideal que valga la pena. Jesús, quien fue un líder servidor, dijo: «El más importante de ustedes deberá tomar el puesto más bajo, y el líder debe ser como mi sirvient».(Lucas 22:26 NTV) y que Él «no vino para ser servido, sino para servi».(Marcos 10:45). Y esa misma debe ser nuestra actitud, que nuestra meta no sea la de ser servidos, sino el servir.

Por eso quiero hacerte una propuesta: Cualquiera que sea tu trabajo o negocio puedes enfocarlo como un servicio, donde satisfaces una necesidad o resuelves un problema. Entonces, busca más personas a quienes servir; en lugar de buscar más clientes, o más dinero, busca más personas a quienes puedas ofrecerles tus servicios.

Bien lo dijo la Madre Teresa de Calcuta «El que no vive para servir, no sirve para vivi». Por eso, vive para SERVIR y ¡¡VIVE TU SUEÑO!!

T

Trabajo duro

Albert Einstein dijo alguna vez: «Un genio está compuesto por 1% de talento y 99% de trabajo dur».Es decir, no importa cuántos talentos tenemos, si no trabajamos duro para desarrollar todo nuestro potencial, será muy difícil hacer realidad nuestros sueños.

Esto, precisamente, es lo que ha promovido y demostrado durante toda su vida Michelle Obama, una de las mujeres más reconocidas y admiradas en el mundo, durante las últimas décadas.

Un video que circula en redes con el título "El poder de una niña educada" refiere un encuentro de Michelle Obama, en Nueva York, con más de 1000 jovencitas, con quienes compartió su experiencia personal. Les decía que, gracias al trabajo duro que ella había realizado para alcanzar sus metas, había podido graduarse en High School, para luego graduarse como abogada en la Universidad.

Y las animaba a ellas para que también trabajaran duro, estudiando para formarse; porque, de otra manera, podrían correr el riesgo de caer en la misma circunstancia de aquellos 62 millones de niñas que en el mundo no van a la escuela cada año; viendo así frustradas sus posibilidades de prepararse para hacer realidad sus sueños.

Por eso, para ella es algo personal e imperativo trabajar para que cada niña en este planeta tenga las mismas oportunidades de educación que ella tuvo y ahora sus hijas tienen. Confiesa que es tan importante para ella esta causa que, en este momento de su vida, se ha convertido en su principal pasión y en su misión: «Quiero animar a todas las mujeres, a levantar sus propios estándares y a soñar en grande. Ustedes no serán exitosas pasando tiempo con personas que no les impulsen y que les arrastren hacia abaj».

Y añadió: «No hay hombre que sea lo suficientemente guapo, que valga tanto la pena, como para abandonar tu educació». Básicamente, Michelle Obama aconseja a las mujeres jóvenes que atiendan primero a los libros que a los muchachos, porque la educación es clave para que una mujer pueda tener un futuro con seguridad e independencia.

Este consejo es extensivo a los hombres; a quienes animo para que no cesen en su interés por estudiar. Siempre hay algo nuevo que puedes aprender y en lo que puedes mejorar, relacionado a tu área de trabajo o en tu campo de interés.

Eso implica trabajo duro para encontrar tiempo en medio de una agenda ocupada. Sin embargo, vale la pena. Una persona preparada tiene más oportunidades de avanzar en la vida, ganar un mejor salario, ser promovido y como consecuencia, hacer realidad sus sueños.

Michelle Obama, nació el 17 de enero de 1964, como Michelle Robinson, en Illinois, Chicago. Su padre, Fraser Robinson, trabajaba como operador de bombas de agua en el Departamento Hidráulico de Chicago, y aunque le diagnosticaron esclerosis múltiple desde muy joven casi nunca faltó al trabajo. Marian, su madre, se quedaba en casa cuidando a Michelle y a su hermano Craig. Entre sus ancestros, se encuentra Jim Robinson, un esclavo nacido en Carolina del Sur, donde aún vive gran parte de su familia.

La familia Robinson vivía en el sur de Chicago. La familia tenía dificultades económicas y les era difícil cubrir todas sus necesidades. Michelle recuerda que su casa siempre estaba llena de otros miembros de la familia y, a veces, era muy difícil concentrarse para estudiar. Así que en muchas ocasiones, ella tenía que levantarse a las 4:00 de la mañana para poder hacer sus tareas sin ser interrumpida.

Michelle se graduó con los más altos honores del High School y, después de eso, estudió Sociología y Estudios Afroamericanos en la Universidad de Princeton. Luego fue a la Escuela de Leyes de Harvard. Ella cuenta que, cuando era niña, jamás imaginó que alguien como ella, con limitados recursos económicos, pudiera estudiar en esa Universidad de Harvard. Pero lo logró gracias a su trabajo duro, disciplina y a su estudio con entera dedicación.

En 1988, después de graduarse como abogada, empezó a trabajar con el bufete de abogados Sidley & Austin. Allí conoció al amor de su vida y al que se convertiría en su esposo en 1992, Barack Obama. Michelle Obama llegó a estar entre las diez mejores abogadas de EE. UU., incluso ganando casi el doble de salario de lo que ganaba su esposo. En 1991, Michelle ocupó posiciones públicas al trabajar con el Alcalde de la ciudad de Chicago. En 1993, se convirtió en la Directora ejecutiva de los Aliados Públicos, una organización sin ánimo de lucro que trabaja con jóvenes en asuntos de índole social y allí estableció un récord de donaciones, que no se superó hasta doce años después, cuando ya no estaba en esa institución.

En 1996, Michelle llegó a la Universidad de Chicago como decana asociada de servicios estudiantiles y en 2005 se convirtió en la vicepresidenta de asuntos externos y comunitarios de los Hospitales de la Universidad de Chicago. En ese tiempo, su esposo Barack Obama ya estaba iniciando su carrera en la política, primero como Senador de Illinois y luego como Senador de los Estados Unidos. Y, por supuesto, durante todo ese tiempo, Michelle siempre estaba apoyándolo y trabajando duro para conciliar de la mejor manera posible sus responsabilidades como esposa, madre y profesional.

En el año 2007 y 2008, Barack Obama estaba haciendo campaña para la presidencia, así que Michelle dejó su trabajo para apoyarle tiempo completo y, a la vez, dedicar más tiempo a sus hijas. El 20 de enero del 2009, Barack Obama tomó juramento como Presidente de los EE. UU., junto a su esposa Michelle. Michelle es hasta ahora la única primera dama afroamericana de los Estados Unidos, convirtiéndose en un modelo digno de imitar para muchas mujeres jóvenes.

Michelle es promotora, entre otras causas, de la buena nutrición para prevenir la obesidad en los niños; y ahora está especialmente dedicada a que los 62 millones de niñas del planeta que no asisten a la escuela, tengan acceso a una educación y a un futuro mejor.

Michelle Obama es un ejemplo de que con disciplina y trabajo duro, se pueden convertir los sueños en realidad.

Sin embargo, es importante aclarar que no se trata simplemente de trabajar duro; porque, como John Maxwell dice: un hombre puede estar trabajando duramente todo el día, cavando pozos en el patio de su casa, pero eso no significa que está avanzando en conseguir sus objetivos. Se trata de trabajar duro, pero inteligente y enfocadamente; de tal manera que nuestros esfuerzos realmente nos conduzcan a lograr lo que deseamos. Por eso es importante evaluar con frecuencia las actividades que realizamos y preguntarnos todos los días:

- ¿Qué estoy haciendo hoy para que mi sueño se convierta en realidad mañana? Debemos asegurarnos de que todos los días estamos haciendo algo hacia la realización de nuestros sueños.
- ¿Esta actividad que voy a realizar me acerca al logro de mis objetivos? Y si la respuesta es no, entonces déjala o delégala a otra persona. Pero si la respuesta es sí, dale el 100% de tu esfuerzo, para realizarla de la mejor manera posible.

Cualquiera que sea tu oficio o profesión, hazlo con todo tu corazón, con todo tu amor; como si tu vida entera dependiera de ello, porque en realidad así es.

Martin Luther King Jr. dijo: «**Si un hombre es llamado a ser barrendero, debería barrer las calles incluso como Miguel Ángel pintaba, o como Beethoven componía música o como Shakespeare escribía poesía. Debería barrer las calles tan bien que todos los ejércitos del cielo y la tierra puedan detenerse y decir: Aquí vivió un gran barrendero que hizo bien su trabaj**».

Ningún trabajo te deshonra. Cualquier oficio que Dios te haya llamado a hacer, debes realizarlo como si fueras un artista creando tu obra maestra. Tienes la responsabilidad de que tu trabajo sea excelente y tu dedicación completa, entregando lo mejor de ti.

En la Primera carta del Apóstol Pablo a los Tesalonicenses 4:11, los amonesta diciendo que se ocupen en sus negocios y trabajen con sus manos para que se conduzcan honradamente y no les falte nada. De la misma manera, nosotros debemos soñar, planear y trabajar arduamente, para lograr todo aquello que Dios ha puesto en nuestro corazón.

Peter Drucker, el padre de la administración moderna, dijo: «Los planes son solamente buenas intenciones a menos que se reflejen inmediatamente en trabajo dur». Así que para hacer realidad tus sueños, TRABAJA DURO, con inteligencia y enfoque en lo que contribuye al logro de tus objetivos y ¡¡VIVE TU SUEÑO!!

U

Unidad

La palabra unidad viene de la palabra hebrea yahadh, que significa "la acción de estar de acuerdo y en armonía" o el griego henótes, el cual representa "la acción de tener los mismos pensamientos, sentimientos y propósitos". Y aunque esa acción suena casi imposible, debemos seguir el consejo de Max Ehrmann, en su poema *Desiderata:* "En cuanto sea posible y sin rendirte, mantén buenas relaciones con todas las personas"

Desde muy niña tuve que vivir con las consecuencias de la falta de unidad en mi hogar, ya que mis padres se separaron cuando yo tenía cinco años de edad. Ese hecho produjo en mí inseguridad, sentimientos de rechazo, dolor y abandono; y profundas heridas emocionales que he tenido que superar.

Después, al convertirme en una persona adulta y formar mi propio hogar, me di cuenta de lo difícil que podía ser en algunas ocasiones mantener la paz, la armonía y la unidad en la familia. En la Biblia se nos dice: «**Toda ciudad o casa dividida contra sí misma no permanecer**».(Mateo 12:25).

Recuerdo a un consejero matrimonial ilustrar la separación de la pareja con dos hojas de papel pegadas juntas y, si luego queremos separarlas, no es posible romperlas sin que se causen daño la una a la otra. Por experiencia propia puedo decirles que la falta de unidad causa ruptura, quebrantamiento, aflicción y mucho daño, no solamente a cada uno de los miembros de la pareja, sino también y especialmente a los hijos.

Por eso mi invitación es para que busques, procures y hagas todo lo que esté a tu alcance para promover y mantener la paz y la unidad en cualquier lugar, especialmente en el hogar.

Tal vez conoces la historia acerca de dos hermanos que vivían en dos granjas vecinas. Durante muchos años cultivaron las tierras hombro a hombro, compartiendo el trabajo y el fruto de las cosechas.

Un día, surgió un malentendido entre ellos, que fue creciendo hasta llegar a convertirse en un gran disgusto. Primero, explotó con palabras ofensivas y luego, se convirtió en varias semanas de silencio.

Una mañana alguien llamó a la puerta de Luis, el mayor de los hermanos. Al abrir, encontró a un hombre con herramientas de carpintero.

—Estoy buscando trabajo —dijo el extraño—, quizá usted necesite algunas reparaciones aquí en su granja y yo pueda ayudarle.

—Sí, tengo un trabajo para usted. Mire, al otro lado del arroyo, en aquella granja, ahí vive mi vecino, es mi hermano menor. La semana pasada había una hermosa pradera entre nosotros y él tomó su buldózer y desvió el cauce del arroyo para que quedara de división entre nosotros. Estoy convencido de que él hizo eso para enfurecerme, pero le voy a devolver con una peor.

—¿Ve aquella pila de madera junto al granero? —añadió Luis—. Quiero que, por favor, construya una cerca de dos metros de alto, para no verlo nunca más.

—Creo que comprendo la situación —dijo el carpintero—. Muéstreme dónde están todas las herramientas y le entregaré un trabajo que lo dejará satisfecho.

El hermano mayor ayudó al carpintero a reunir todos los materiales y fue a comprar provisiones al pueblo. Mientras, el carpintero trabajó duro todo el día midiendo, cortando, clavando. Cerca del atardecer, cuando el granjero regresó, el carpintero había terminado con su trabajo. El granjero quedó completamente sorprendido con lo que encontró. No había ninguna cerca ni muralla de dos metros; en su lugar había un puente. Un puente que unía las dos granjas a través del arroyo. Era una verdadera obra de arte.

En ese momento, el hermano menor vino desde su granja cruzando el puente y abrazó a su hermano con los ojos llenos de lágrimas diciéndole:

—Eres un gran hombre por construir este hermoso puente después de lo que te he hecho, gracias y perdóname.

En silencio, el carpintero guardó las herramientas y se dispuso a marcharse. En ese momento, Luis le gritó:

—¡No te vayas, espera! Quédate, tengo muchos proyectos para ti.

—Me gustaría quedarme —dijo el carpintero—, pero tengo muchos puentes por construir.

Como hijos de Dios y constructores de su reino aquí en la tierra, Él nos ha llamado a construir puentes y no murallas.

Tal vez, hoy mismo, en tu propia familia, hay división, hay malos entendidos, o con tus compañeros de trabajo o con los hermanos de la iglesia. Debes ser tú quien tome la iniciativa de acercarte a tu hermano, o a tu amigo, y restablecer la relación.

Toma la decisión de convertirte en una persona que construye puentes a donde quiera que vayas, y no en alguien que construye murallas de separación. Deberíamos unirnos a la oración de San Francisco de Asís:

«Señor, haz de mí un instrumento de tu paz;
que donde haya odio, lleve yo el amor;
donde haya ofensa, ponga yo perdón;
donde haya discordia, ponga yo unió».

Mateo 5:9 nos dice: «Bienaventurados los pacificadores, porque ellos serán llamados hijos de Dio». Un pacificador es una persona que ayuda a promover la paz y la unidad donde quiera que esté, es una persona que ayuda a construir puentes y no murallas. Dios quiere que tú y yo promovamos la paz, el amor y la unidad.

Otra historia muy conocida es la de una extraña asamblea que hubo en una carpintería. Fue una reunión de herramientas para arreglar sus diferencias.

El martillo ejerció la presidencia, pero la asamblea le notificó que tenía que renunciar. ¿La causa? ¡Hacía demasiado ruido! Y además se pasaba el tiempo golpeando. El martillo aceptó su culpa, pero pidió que también fuera expulsado el tornillo; dijo que había que darle muchas vueltas para que sirviera de algo. Ante el ataque, el tornillo aceptó también, pero, a su vez, pidió la expulsión de la lija. Hizo ver que era muy áspera en su trato y siempre tenía fricciones con los demás. La lija estuvo de acuerdo, a condición de que fuera expulsado el metro, que siempre se la pasaba midiendo a los demás según su medida, como si fuera el único perfecto.

De pronto, entró el carpintero, se puso el delantal e inició su trabajo. Utilizó el martillo, la lija, el metro y el tornillo. Finalmente la tosca madera se convirtió en un lindo mueble. Cuando la carpintería quedó nuevamente sola, la asamblea reanudó la deliberación. Fue entonces cuando tomó la palabra el serrucho y dijo: «Señores, ha quedado demostrado que todos tenemos defectos, pero el carpintero trabaja con nuestras cualidades. Eso es lo que nos hace valiosos. Así que no pensemos ya en nuestros puntos malos y concentrémonos en la utilidad de nuestros puntos bueno». La asamblea encontró entonces que el martillo era fuerte, el tornillo unía y daba fuerza, la lija era especial para afinar y limar asperezas, y observaron que el metro era preciso y exacto. Se sintieron entonces un equipo capaz de producir muebles de calidad. Se sintieron orgullosos y felices de sus fortalezas y de trabajar juntos.

Y eso es exactamente lo que sucede entre nosotros, como seres humanos: tenemos la tendencia a enfocarnos en las cosas negativas o en las cosas que nos hacen diferentes, sin darnos cuenta de que en realidad somos complemento uno del otro.

John Maxwell propone aplicar a nuestras relaciones personales el principio del 101%, a saber: **encontrar el 1% en lo cual estamos de acuerdo con las otras personas y darle el 100% de nuestro enfoque.** Normalmente, nosotros hacemos lo contrario, buscamos el 1%, en lo cual no estamos de acuerdo con las personas y le damos el 100% de atención para volverlo un motivo de conflicto.

Si nos enfocáramos en las cosas que tenemos en común y no en lo que nos separa, nuestras relaciones familiares, de trabajo y de iglesia, serían mucho más satisfactorias.

Jesús, antes de morir, precisamente rogó al Padre, para que viviéramos en unidad.(Juan 17). Por tanto, siempre será la voluntad de Dios que si unimos nuestras fuerzas para trabajar en equipo, logremos mejores resultados en todas las actividades que nos propongamos.

Seamos instrumentos de UNIDAD; construyamos puentes en lugar de murallas; enfoquémonos en nuestras fortalezas y juntos ¡¡VIVAMOS NUESTROS SUEÑOS!!

Visión

Visión es la capacidad para proyectar, imaginar o anticipar escenarios a largo plazo. Es una imagen inspiradora de lo que una persona o empresa desea lograr en su futuro.

Parte importante de mi trabajo como entrenadora (coach) de vida, es ayudar a las personas a obtener una visión, tan acertada como sea posible, del futuro que desean alcanzar; y una vez establecida dicha proyección, ofrecerles la asesoría adecuada sobre los cambios que necesitan realizar para alcanzar sus propósitos.

La visión funciona de manera similar al GPS: nos conduce con exactitud a nuestro destino futuro, a partir de la información precisa, clara, detallada, que le ofrezcamos antes de iniciar nuestro viaje.

Numerosos estudios han demostrado que el éxito está generalmente precedido de una acertada visión del futuro. Los líderes, por ejemplo, proponen una imagen positiva, convincente, del futuro, a partir de la cual las personas o comunidades comparten y adoptan esa visión, para convertir sus sueños en realidad.

Visión es la que tuvo Walt Disney, el pionero norteamericano de las imágenes animadas, los parques de diversión y las películas con imágenes de animales en movimiento haciendo diálogos en lenguaje humano, que hoy continúan divirtiendo a niños y adultos alrededor del mundo.

Walt Disney formuló su visión en los años 40 del siglo pasado, mientras llevaba a sus hijas a divertirse en los aparatos mecánicos de los parques de la ciudad. El mal estado de tales aparatos infantiles, la estrechez de los espacios y el hecho de que los adultos no tuvieran también opción de distraerse mientras esperaban a sus hijos, lo llevó a concebir una idea genial: construir ciudadelas de diversión para las familias, en donde hubiese una amplia diversidad de aparatos mecánicos para todas las edades y en las que niños y adultos pudieran gozar juntos la emoción de divertirse.

Disney tenía tan clara su visión, que en 1953, compró un predio de 160 acres en el área metropolitana de Los Ángeles, con espacio suficiente para crear áreas naturales con lagos, cascadas y montañas; y cuando los cálculos financieros de su grandioso proyecto superaron su presupuesto inicial, no dudó en acudir a préstamos adicionales y campañas a través de los medios de comunicación, para obtener la financiación necesaria para hacer realidad su sueño. Y así, el 21 de julio de 1954, con un costo total de diecisiete millones de dólares, empezó a hacer realidad su sueño, al que llamaría "Disneylandia".

Fue inaugurado el 17 de julio de 1955, y es una clara demostración de que los sueños pueden hacerse realidad. Tuvo tal éxito que ese mismo año recibió más de un millón de visitantes.

Y todo, porque un hombre tuvo un sueño que convirtió en una visión y tomó la acción necesaria para convertirla en realidad. Es importante recordar que cuando Dios da una visión también da la provisión, es decir, nos ayuda a encontrar los recursos necesarios para hacerla realidad.

Walt Disney también fue el iniciador del parque de Disneyworld en Florida; lamentablemente, no pudo estar el día de la inauguración, debido a que había muerto a causa de un cáncer de pulmón. Se cuenta que un periodista hizo el comentario a su esposa de que era una lástima que Walt Disney no hubiera estado allí para ver la inauguración. A lo que la viuda contestó: «Se equivoca, él fue el primero en verlo en su imaginació».

Además,Walt Disney es considerado el pionero de la historia del cine de animación infantil. En 1923, junto a su hermano Roy, comenzaron a producir dibujos animados en Hollywood, llegando al que sería su personaje más aclamado: Mickey Mouse.

Entre sus películas más famosas se encuentran *Alicia en el país de las Maravillas*, *Los 101 Dálmatas*, *La Bella Durmiente*, *Pinocho*, *Fantasía* y *Blanca Nieves y los 7 Enanitos*. Posteriormente se estrenarían otras películas como *La Isla del Tesoro*, *Robin Hood* o *Mary Poppins*, todas ellas con actores reales.

En animación, llegarían obras inolvidables como *Peter Pan*, *Aladdino*, *El Rey León* o *Pocahontas*. Todas estas creaciones le han llevado a ser la persona que más premios Oscar ha recibido, un total de 32 galardones.

En el 2015, la compañía de Walt Disney gestionaba dieciocho parques de atracciones, treinta y nueve hoteles, ocho estudios cinematográficos, once canales de televisión por cable y uno terrestre. El valor total de sus acciones, según Forbes, hasta mayo de 2015 era de 500 000 millones de dólares.

Algunas de las frases más célebres de Walt Disney fueron:

«Todos nuestros sueños pueden convertirse en realidad
si tenemos la valentía de perseguirlo».

«Si tienes un sueño y crees en él,
corres el riesgo de que se convierta en realida».

«No duermas para descansar, duerme para soñar.
Porque los sueños están para cumplirs».

«Pregúntate si lo que estás haciendo hoy,
te llevará a donde quieres llegar mañan».

El lugar a donde tú quieres llegar mañana es tu visión. Pero recuerda que una visión sin acción es tan solo un sueño.

La escritora Helen Keller, primera persona sordo-ciega en obtener un grado universitario, dijo: «Lo único peor que no tener vista, es no tener visió».

Viktor Frankl, psiquiatra y sobreviviente de los campos de concentración nazis, escribió en su libro *El hombre en busca de sentido*: «Tener algo importante que realizar, una visión positiva del futuro, da significado a nuestras vida».

Una visión y una actitud positivas de fe frente al futuro, es una de las armas más poderosas que poseemos para enfrentar cualquier circunstancia, por difícil que parezca.

Dios le dice al profeta: **«Escribe la visión, y declárala en tablas, para que corra el que leyere en ell»**.(Habacuc 2:2). La visión nos ayuda a perseverar a pesar de las dificultades, sabiendo que Dios nos dará la fuerza y el valor para lograr la realización de nuestros sueños. Por eso, no olvides la importancia de tener una VISIÓN clara del futuro y ¡¡VIVE TU SUEÑO!!

Wow

WOW (guau) es una exclamación admirativa que denota sorpresa, perplejidad, o entusiasmo ante un acontecimiento positivo. Y también puede ser usada de una manera sarcástica para mostrar desaprobación.

Hoy se habla del Factor Wow, como el conjunto de características de un producto, diseño o persona que sorprende gratamente a un observador. Incluso, se han escrito libros sobre cómo causar sorpresa y admiración en tus clientes, hasta el punto de inducirlos a exclamar: ¡¡WOW!!

Uno de esos libros se titula el *Factor WOW* y fue escrito por el Coach Frances Cole Jones, quien dice: "En el mundo actual, tan competitivo en los negocios, se requiere crear un factor wow. Es necesario sobresalir por encima de la competencia, proveyendo un servicio o un producto que cause admiración en los clientes potenciales".

Wow es la expresión que nos causan personas como el orador motivacional, Nick Vujicic, quien, a pesar de no tener brazos ni piernas, ha aprendido a vivir una vida sin limitaciones. Cuando vemos a Nick escribiendo en el computador, jugando con una pelota, nadando, cuidando sus hijos o dando conferencias alrededor del mundo, no podemos menos que exclamar wow, y sentir admiración por su actitud de superación a pesar de su discapacidad física.

De la misma manera que es posible provocar un wow en el sentido positivo, también puede suceder en sentido negativo, cuando alguien tiene una mala actitud, ofrece un mal servicio o causa una gran controversia. Eso fue lo que me sucedió hace poco, cuando vi la película sobre la vida de Steve Jobs, cofundador y presidente ejecutivo de la compañía de computadores Apple.

Steve Jobs era hijo de una pareja de jóvenes estudiantes y fue dado en adopción a una familia de clase media de Estados Unidos, en el año 1955. Su padre adoptivo era mecánico, además de un gran artesano, que inculcó en Steve el amor por los productos bien hechos y la atención a los detalles.

El saber que era adoptado marcó la personalidad de Steve Jobs para siempre. Steve fue descrito como un niño con gran potencial pero testarudo, indisciplinado y muy difícil de educar. De joven, influenciado por la filosofía hippie, se convirtió en un chico rebelde que le gustaba desafiar la autoridad y el estado general de las cosas.

Siendo adolescente se interesó por los computadores y asistió a charlas de la compañía Hewlett-Packard, donde obtuvo su primer empleo y conoció a su futuro socio Steve Wozniak.

Entre 1974 y 1976 trabajó en la compañía Atari, con la cual diseñó algunos juegos de entretenimiento. Paralelamente, inició la fabricación de una computadora junto a Wozniak. En 1976, ambos fundaron Apple Computer Company y bautizaron a su máquina Apple I, poco tiempo después crearon Apple II.

Fue tan grande el éxito que, en 1982, Jobs ya era el millonario más joven del mundo. En 1984, lanzó Apple Macintosh, el primer ordenador personal con ratón. Pero por su alto precio, su baja aceptación comercial y los conflictos con algunos socios, Steve Jobs se vio obligado a renunciar, en 1985, a la compañía que él había fundado.

Después fundó y dirigió Pixar, una empresa que produjo exitosas películas animadas por computador para Walt Disney, como, por ejemplo: *Toy Story*, *Monsters* y *Buscando a Nemo*.

En 1996, Steve Jobs retornó a su antigua empresa que estaba en declive. Al año siguiente recuperó el liderazgo de Apple para convertirla en la empresa de mayor capitalización del mundo en el 2011. Esto fue el resultado de grandes innovaciones tecnológicas y comerciales como el iPod, iTunes, iPhone y el iPad.

A Steve Jobs se le considera un genio en el sector informático, las computadoras y el entretenimiento. Sin embargo, su biografía y la película lo muestran como una persona que podía llegar a ser brutalmente despiadada con los demás. Antes de casarse con Laurene Powell, en 1991, con quien tuvo tres hijos, Steve había tenido una hija, Lisa, que no quiso reconocer durante mucho tiempo.

Solamente cuando las pruebas de ADN confirmaron que era su hija, tuvo que aceptar, de mala gana, darle una manutención mensual de $500 dólares, una cifra irrisoria, dado que, en ese momento, su fortuna estaba considerada en 200 millones de dólares.

En las fábricas de iPhone y iPad en China, ocurrieron 14 suicidios tan solo en el año 2010. Un reportaje realizado por veinte universidades chinas denunció que en esas fábricas los trabajadores tenían un trato de abuso y un ambiente de terror generalizado, además de que los obligaban a cumplir jornadas ilegales.

La mayoría de sus empleados trabajaban más de 12 horas diarias 6 días a la semana. La ganancia para Apple por cada uno de esos teléfonos es de $300 dólares, mientras la fábrica solo recibe $12 dólares de ganancia por cada uno.

Jobs no tenía buenas relaciones con muchos de sus empleados, ni fue una persona humanitaria. La exnovia y madre de su hija Lisa dijo: "Qué paradójico es el hecho de que el hombre que logró conectar al mundo entre sí, no logró conectarse con las personas que tenía a su alrededor, comenzando con su propia hija".

En el año 2004, los médicos le diagnosticaron un cáncer de páncreas, enfermedad que le causó la muerte el 5 de octubre de 2011, a la edad de 56 años. De acuerdo con el testimonio de su hermana, sus últimas palabras unas horas antes de su muerte fueron: OHH WOW. OHH WOW. OHH WOW.

Estas palabras las publicó el *New York Times* y mucho se ha especulado sobre su significado; algunos dicen que podría haber estado teniendo una visión del cielo o del infierno, o tal vez una reminiscencia de lo que fue su vida.

Lo cierto es que al leer su biografía o ver la película de su vida, es fácil exclamar ¡oh wow!, ¡oh wow! … tanto de manera positiva, como negativa.

La historia de Steve Jobs nos lleva a reflexionar sobre el legado que dejamos al morir y cómo queremos ser recordados.

Un escritor anónimo nos sugiere: **"Cuando naciste, tú llorabas y todos alrededor sonreían; vive tu vida de tal forma que cuando mueras tú sonrías, y todos alrededor lloren".**

En lo posible, vivamos de tal manera que nuestro trabajo y nuestra vida personal provoquen el wow de las personas a nuestro alrededor, sobre todo, de nuestros seres queridos.

John Maxwell, en una de sus definiciones de éxito, expresa: "El éxito es tener el amor y el respeto de las personas que están a tu alrededor y que te conocen mejor".

Bartles & Asociados, empresa especializada en operaciones de marketing y publicidad, da los siguientes consejos para crear el factor Wow:

Sea consistente: Mantenga una misma imagen al ofrecer sus servicios y sus productos, de tal manera que pueda crear una imagen permanente en sus clientes.

Sea diferente: No tema ser único y diferente. Atrévase a destacarse de manera especial por encima de todos sus competidores. Siempre dé algo más y mejor de lo que ofrece su competencia y, además, ofrezca un programa de recompensa a sus clientes fieles.

Sea creativo: Esfuércese por conocer a su clientela y por idear maneras creativas de ofrecer sus servicios y productos.

Es importante planificar de qué manera podemos ofrecer un producto o un servicio tan estupendo que induzca a nuestros clientes a decir wow y deseen comprarlo.

Recuerde: "**Aquellos que fallan en planificar, es como si ya estuvieran planeando fallar**".

Crear el factor Wow es dejar atónitos y gratamente sorprendidos a tus clientes por la excelencia de tu servicio y además, de ti mismo como persona.

¿Estás creando el factor wow con tu vida y con tus servicios? ¿Qué crees que Dios dirá de ti? No podemos impresionar a Dios con nuestras acciones, pero nuestra meta debería ser que al final de nuestra vida, Dios pueda decir acerca de nosotros: "Bien, buen siervo y fiel; sobre poco has sido fiel, sobre mucho te pondré; entra en el gozo de tu señor" (Mateo 25:23).

La Biblia nos dice que David sirvió a su generación de acuerdo al propósito de Dios. Además, fue llamado un hombre conforme al corazón de Dios, a pesar de sus debilidades.

De la misma manera, tú puedes servir a esta generación, usando al máximo el potencial que Dios te ha dado, para crear el factor wow en aquellos que te rodean y a quienes sirves; pero, sobre todo, para cumplir con el propósito para el cual fuiste creado.

Y así, amando y sirviendo, tú puedas decir OH WOW, OH WOW, ¡¡¡Estoy VIVIENDO MI SUEÑO!!!

X

CORREGIR PARA MEJORAR

La X, además de ser una letra, es un símbolo universal con diversos significados. Y en esta reflexión la utilizaré con el significado de corregir para mejorar. Como aquella "X" con la cual nuestros profesores marcaban nuestros errores en las evaluaciones académicas, para que nosotros, después de rectificar aquellos errores, aprobáramos las asignaturas y lográramos obtener nuestro título académico.

De igual manera, yo quiero animarte a utilizar esta X para corregir tus errores y rectificar aquellos hábitos que tú mismo reconoces que te hacen daño y que se han constituido en obstáculos que han frustrado la realización de tus más anhelados sueños.

Sin duda, tú conoces muchas personas, quienes, con un alto grado de responsabilidad consigo mismas, han tomado la inquebrantable decisión de corregir sus errores para ser mejores. ¡Haz tú lo mismo!...Y para estimularte en tal sentido, referiré aquí una historia real que, llevada al cine con el título *De la furia a la libertad*, ha sido motivo de inspiración para miles de personas en el mundo y que, espero, lo será para todos mis lectores.

Un joven vivía en un hogar disfuncional y con frecuencia debía tolerar los maltratos físico y psicológico que su padre le daba a su madre, cada vez que llegaba borracho a su casa. El muchacho, alimentado por la continua actitud agresiva de su padre, el desafecto intrafamiliar y la cada vez más deteriorada relación conyugal entre sus padres, fue convirtiéndose entonces en un individuo violento.

Todavía muy joven, se enamoró de una chica a quien siempre acompañaba a su iglesia para conquistarla, mas no por convicción religiosa, hasta que logró su propósito y, finalmente, se casó con ella.

Pero muy pronto emergería el hombre violento que había en él y empezó a maltratarla y a serle infiel. Hasta que un día cualquiera, ella decidió abandonarlo. Y cuando él se enteró de tal propósito, no dudó en amenazarla de muerte si ella insistía en hacer efectiva su decisión.

Y una tarde, mientras esperaba a su esposa en casa con un rifle, encendió el televisor justo en el momento cuando un evangelista ofrecía un mensaje de amor, perdón y reconciliación.

En ese instante, aquel joven, angustiado, confundido, sintió como si el evangelista hubiese estado hablándole directamente a él. Y entonces, como estremecido por una inexplicable fuerza interior, arrojó su rifle al piso, se arrodilló y en un acto de íntima y profunda reflexión espiritual pidió a Dios ayuda para cambiar su proceder.

Después de reconciliarse con su esposa y pedirle perdón a su padre por su conducta agresiva e irrespetuosa y por su rencor hacia él, inició un estudio bíblico en el cual compartía con muchas otras personas el significado de Dios en su vida, su enriquecimiento espiritual a través del estudio de la Biblia y su maravillosa experiencia de restauración personal.

Milagrosa transformación que provocaría también un cambio profundo, positivo, en la existencia de su padre, quien, poco a poco y motivado por la regeneración de su hijo, empezó a creer que él también debería, y podría, disfrutar una vida nueva y feliz con su esposa y su familia.

Así que decidió empezar por asistir al estudio bíblico de su hijo, a quien sorprendió una mañana, en el salón de reuniones, mientras compartía su experiencia de redención total que Dios había hecho en su vida.

Y al final, aquel hombre alcohólico, violento, profundamente conmovido después de escuchar muy atentamente el mensaje de su hijo, corrió hacia él; y su hijo, que justo en ese momento se enteró de la presencia de su padre, lo abrazó emocionado y juntos ofrecieron a Dios sus mejores propósitos para continuar sus vidas, antes de furia y dolor, ahora de amor y libertad.

Así, espero que la reflexión personal que esta historia te haya suscitado, estimule en ti la X de la corrección de aquellos errores y malos hábitos que te han impedido desarrollar las acciones adecuadas para lograr tus metas. Y para ayudarte a lograrlo, te dejo aquí algunas sugerencias:

Pide perdón a Dios: Dios borra nuestras rebeliones y no se acuerda de nuestros pecados; Él los sepulta en lo profundo del mar (Isaías 43:25; Miqueas 7:19). Rectifica tus errores e identifica las áreas en las que debes mejorar y hacer lo correcto.

Pide perdón a quienes hayas ofendido: Debes tomar conciencia de que para tener una convivencia armónica con las demás personas y contribuir a construir una sociedad mejor (amable, pacífica, comprensiva, tolerante), uno de los valores más valiosos que debemos practicar para lograrlo, es pedir perdón a nuestros semejantes cuando los ofendamos.

Perdónate a ti mismo y perdona a tus semejantes: Para estar en paz contigo mismo(a) y con los demás, debes liberarte de tus culpas y rencores que por mucho tiempo has acumulado en tu corazón. Elimina tu orgullo; y con humildad pide perdón o acepta el perdón que alguien te pide.

En una ocasión, escuché unas declaraciones del director de la Clínica Mayo, decía que el 35% de sus pacientes hospitalizados por problemas mentales podrían irse de inmediato a casa si tomaran la decisión de perdonar a otros, y otro 35% podrían irse a casa de inmediato si se perdonaran a sí mismos.

La Biblia nos dice que Dios borra nuestras rebeliones y no se acuerda de nuestros pecados, es más, Él los sepulta y los echa en lo profundo del mar (Isaías 43:25, Miqueas 7:19). De la misma manera, nosotros debemos enterrarlos y no vivir en el pasado, ni llenos de culpa por algo que ya no podemos cambiar.

Toma la decisión de cambiar e incorpora los correctivos necesarios: Cambia de ambiente, de amistades, de los malos hábitos y reemplázalos por hábitos positivos. En el libro las *15 Leyes del Crecimiento Personal*, John Maxwell dice: «Una de las cosas que he observado a través de los años es que las personas de éxito hacen lo correcto, sin importar sus sentimientos, y al hacer lo correcto se sienten bien. Por otro lado las personas que no tienen éxito, esperan a sentirse bien para hacer lo correcto y, como resultado, ni hacen lo correcto, ni llegan a sentirse bie».

De tal manera, el perdón será siempre el más valioso y eficaz instrumento de liberación moral y espiritual, que romperá en nuestras almas las cadenas del odio y el rencor y nos ayudará a obtener paz en nuestras vidas y un sentido positivo a nuestros propósitos, a nuestros sueños.

Y en tal sentido, permítanme compartir con ustedes mi experiencia personal de corregir para mejorar (X) en relación al rencor que sentía hacia mi padre y mi subsecuente decisión de perdonarlo, desde lo más profundo de mi corazón, por su reprochable conducta al abandonarnos a mí y a mi madre, embarazada de mi hermana; pero también pedirle perdón por mi actitud rencorosa hacia él. Ese perdón integral (ofrecerlo y pedirlo) me liberó para siempre de una carga que me abrumaba.

Los casos aquí referidos y muchos otros que sin duda todos nosotros conocemos nos permiten inferir la importancia de tomar la decisión de corregir nuestros malos hábitos y nuestros errores; y con un sincero y decidido propósito de enmienda, continuar avanzando, con entusiasmo y optimismo, hacia uno de los más nobles y legítimos propósitos de nuestras vidas: realizar nuestros sueños.

Es importante eliminar lo incorrecto en nuestras vidas y comenzar el proceso para hacer lo correcto. Hoy mismo, empieza a hacer los cambios que sean necesarios para convertirte en la persona que eres de verdad, la que Dios te creó para ser. Y de esa manera, Ser, Hacer y Tener todo aquello para lo que fuiste creado.

John Maxwell dice: «**Si comienzas a hacer lo correcto el día de hoy, ya eres un éxito, aunque no sea notorio para otros todaví**».

Corrige aquellas cosas en tu vida que merecen una X, que no te convienen y que tienen el potencial de dañar y destruir tu vida. Corrige, rectifica, pide perdón, perdónate a ti mismo, comienza a hacer lo correcto y ¡VIVE TU SUEÑO!

Y

Yo

A veces, nos enfocamos todo el tiempo en los hijos, en la pareja, en el trabajo, en servir a otros y nos olvidamos de nosotros mismos; no cuidamos de nuestra salud, de hacer ejercicio, de descansar y del crecimiento en todas las áreas de nuestra vida. Incluso, nos han hecho pensar que si nos ocupamos de nosotros mismos, estamos siendo egoístas.

Pero la verdad, si no pensamos en nosotros y nos descuidamos, tarde o temprano vamos a estar agotados física, emocional y espiritualmente. Es necesario encontrar un equilibrio en nuestra vida. Por supuesto, es importante cuidar y servir a otros; pero no en detrimento de nuestro propio bienestar.

Cuando viajamos en avión, la azafata nos instruye que en caso de emergencia nos coloquemos la máscara de oxígeno primero nosotros y luego asistir a los niños o a las personas que necesiten de nuestra ayuda. Al comienzo cuando viajaba con mis hijos, yo no estaba de acuerdo con esa instrucción y pensaba: «No, primero ello». pero después entendí que si nosotros estamos bien preparados, entonces podemos ayudar mejor a otros.

Nadie da de lo que no tiene. Si tú no tienes suficientes reservas, energía y salud, es muy difícil prestar ayuda a los demás. La palabra de Dios dice: «amarás a tu prójimo como a ti mism». Debe haber una medida de amor saludable hacia nosotros mismos. Y eso implica que debemos aprender a colocar límites y no permitir que otros abusen de nosotros o que manejen nuestro tiempo.

Muchas personas aplazan sus sueños para un mejor momento; cuando haya más dinero o cuando los hijos sean mayores; pero en realidad ese momento nunca llega.

Steve Jobs, cofundador de Apple y uno de los hombres más influyentes de nuestro tiempo, afirmaba: **«Si tú no trabajas por tus sueños, alguien te contratará para que trabajes por los suyo»**. Debes convencerte de que eres valioso y por tanto debes luchar por tus sueños e invertir en ti mismo, para crecer en todas las áreas de tu vida.

La Palabra de Dios nos dice que somos reyes y sacerdotes (Apocalipsis 1:6); sangre real corre por tus venas. Somos hijos del Rey de Reyes, somos sus embajadores y como tal debemos representar bien a nuestro Dios.

Desafortunadamente, la mayoría de personas tienen un bajo concepto de sí mismos, creen muy poco en sus capacidades. Muchas personas exclaman: ¡es que yo no aprendo fácil!, ¡soy muy cabezón!, ¡no sirvo para eso!

La verdad es que tenemos la mente de Cristo y Él nos da la inteligencia y la sabiduría para lograr cualquier propósito, según las habilidades que Él nos ha dado.

Tú puedes aprender el inglés, sacar tu diploma de validación del bachillerato, o ir a la Universidad. Una amiga mía, de 50 años, ingresó al Community College a estudiar Contabilidad. Tardó diez años en obtener el título de Asociado, que normalmente dura dos años, porque no sabía inglés; pero finalmente lo aprendió allí mismo en el College. Se graduó como la mejor estudiante y lo hizo después de divorciarse, teniendo un trabajo de tiempo completo y mientras educaba a sus dos hijos. Tomaba una sola materia cada semestre, tenía que esforzarse demasiado, pero finalmente lo logró. Y con su ejemplo nos demuestra que nunca es tarde para aprender.

Otro ejemplo inspirador de amor a sí mismo(a) como valioso instrumento para alcanzar nuestros propósitos, es el de la escritora Erma Bombeck. Desde muy joven, Erma empezó a escribir una columna humorística en el periódico de su escuela. Pero, no obstante que ella sentía ya el impulso de su habilidad natural para escribir, un consejero le advirtió que no tenía suficiente talento para ello.

Y afortunadamente para sus millones de lectores que posteriormente disfrutarían sus columnas humorísticas, ella no atendió tan equivocado concepto. Así, con un título como experta en lengua inglesa, empezó a escribir la sección de obituarios en un periódico. Y aunque no era su tema favorito, sí era una oportunidad para escribir en el diario local.

Uno de sus mayores deseos era ser madre, pero los médicos le dijeron que no podría tener hijos. Entonces Erma acordó con su esposo adoptar una niña. Y, ¡oh, sorpresa!, poco después se enteró de que estaba embarazada; lamentablemente, de sus cuatro embarazos posteriores, dos bebés murieron.

Entre 1964 y 1978 Erma escribió su columna humorística, empezando en el pequeño periódico de su barrio, con un creciente éxito editorial y económico; de tal manera, que en 1978 su columna aparecía en más de 900 periódicos de Estados Unidos y Canadá, mientras para los años ochenta sus ingresos anuales por sus columnas humorísticas durante más de treinta años, ascendían casi a un millón de dólares.

Erma publicó 15 libros y fue reconocida como una de las 25 mujeres más influyentes de los EE. UU., apareció frecuentemente en el programa «Buenos días, Améric».y en la portada de la revista *TIME*, además recibió innumerables honores, como la medalla al mérito de la Sociedad Americana de Cáncer y fue distinguida con 15 doctorados honorarios.

Pero durante ese tiempo, también sufrió varias dificultades: un cáncer de mama, una mastectomía y una deficiencia renal, que le obligaba a practicarse una diálisis diariamente.

En un discurso de inauguración en una Universidad de los Estados Unidos, dijo: «Estoy aquí, no por mis éxitos, sino por mis fracasos. Entre ellos, un disco humorístico del que solo vendí dos copias, un programa cómico que duró lo mismo que un dulce en una casa donde hay niños, una obra de teatro para Broadway que nunca llegó a Broadway y un día para firmar libros al que solo llegaron dos personas, una preguntando dónde estaba el baño y la otra queriendo comprar la mesita donde estaba el libr». Concluyó: «Lo que usted tiene que decirse es: Yo no soy un fracasado; solo fracasé en hacer algunas cosa».

Erma no se limitó por lo que le dijo uno de sus consejeros, ni por los médicos que le dijeron que no podría tener hijos, ni por sus enfermedades del cáncer o por la diálisis ¡Ella creyó en sí misma, en sus habilidades y en su sueño de convertirse en escritora. Ella sabía que podía hacerlo y lo logró!

Cuando alguien te diga que no puedes hacer algo, dile: ¡Mira cómo lo hago!; no con orgullo, ni por vanagloria, sino porque tú sabes dentro de ti mismo que tienes las habilidades para hacer realidad tus sueños.

John Maxwell enseña que la pregunta que nosotros debemos hacernos no es ¿Puedo hacer algo?, sino ¿Cómo puedo hacerlo?

Tú puedes porque Cristo te fortalece (Filipenses 4:13); tú puedes porque Dios te ha llenado de talentos para lograr lo que te propongas. Pero necesitas verte a ti mismo como alguien valioso y capaz.

La Biblia nos dice: **«Diga el débil, Fuerte so»**.(Joel 3:10), y de la misma manera podemos decir: «diga el enfermo, sano soy; diga el pobre, rico so». Tú debes declarar cada día quién eres en Cristo, tú puedes decir confiadamente: «Soy fuerte, soy sano, soy bendecido, soy favorecido, soy amado y cada día estoy siendo más sabio, más bendecido y más prósper».

Y finalmente, hablando del YO y quiénes somos, lo más importante es recordar que Dios es el gran «Yo so». Él dijo: «Yo soy tu proveedor, tu sustentador, tu padre, tu amigo, tu esposo. Yo soy todo lo que tú necesita». Y cuando sabemos que el gran «Yo so».nos ama y vive en nosotros, podemos confiar en que cualquier sueño que Dios coloque en nuestro corazón, puede convertirse en realidad si tenemos la constancia y la disciplina para lograrlo.

Para concluir quiero animarte a valorarte, a verte como Dios te ve, a pensar en ti mismo y no posponer tus sueños. Solo tenemos una vida aquí en la tierra y debemos procurar vivirla intensamente, logrando todo aquello que Dios ha puesto en nuestro corazón. Así que, sueña, cree en ti mismo y en el Gran YO SOY y ¡¡VIVE TU SUEÑO!!

Zafarse

Si realmente deseamos lograr nuestros sueños, debemos zafarnos; o sea, deshacernos, despojarnos, librarnos, de todo aquello que nos roba nuestra energía, enfoque y atención.

En Hebreos 12:1, se nos dice: «Despojémonos de todo peso y del pecado que nos asedia, y corramos con paciencia la carrera que tenemos por delant».

En términos metafóricos, nuestra vida es una carrera; y nosotros somos los atletas. Para ganar esa carrera debemos zafarnos del peso innecesario. Mucho del peso que llevamos son heridas y desilusiones del pasado que nos han cargado con dolor y sufrimiento.

Como seres humanos tenemos la tendencia a mirar hacia atrás, sin darnos cuenta de que eso nos impide avanzar y correr hacia la meta que nos hemos propuesto.

En los Juegos Olímpicos de Canadá, en Montreal, el atleta especialista en pruebas de velocidad, Hasely Joachim Crawford de Trinidad y Tobago, se proclamó campeón olímpico de los 100 metros.

Crawford comenzó a hacer atletismo a los 17 años. En los Juegos Olímpicos de Munich, en 1972, se clasificó para la final de los 100 metros, pero tuvo que abandonar la carrera cuando apenas había recorrido 20 metros debido a una lesión. Pero eso no lo desmotivó y siguió entrenando cuatro años más, hasta llegar a los Juegos Olímpicos de 1976 en Montreal.

El gran favorito para ganar el oro de los 100 metros era el atleta de Jamaica Don Quarrie, que pocos meses antes había recorrido esa distancia en tan solo 9,90 segundos. El jamaiquino hizo una gran salida y era líder de la prueba, pero Crawford lo remontó y lo superó en los metros finales, ganando la medalla de oro con 10,06 (la mejor marca de su vida), mientras Quarrie fue segundo con 10,08.

Tan solo dos centésimas de segundo de diferencia ¿Qué pasó? Al cruzar la línea final Don Quarrie, el de Jamaica, que era el favorito y estaba primero, miró hacia atrás, y el de Trinidad y Tobago mantuvo la mirada fija en la línea de meta y se inclinó hacia adelante, convirtiéndose en el campeón de los 100 metros en los Olímpicos de 1976 en Montreal.

Ahí estuvo la gran diferencia entre la medalla de Oro y la medalla de Plata. Hasely Crawford, el campeón olímpico, es considerado un héroe nacional en Trinidad y Tobago, tanto que el estadio más importante del país lleva su nombre.

De la misma manera, como cuando conducimos un vehículo debemos fijar la vista al frente, más que en el espejo retrovisor, para avanzar con seguridad en la ruta, es necesario mirar hacia adelante para avanzar con éxito hacia nuestro futuro; zafándonos, eliminando, aquellos hábitos y errores que en el pasado han obstaculizado y llenado de dolor y frustración nuestra existencia.

Y como las circunstancias, lo que poseemos y lo que somos hoy, son consecuencia de las buenas y malas decisiones que tomamos en el pasado, te invito para que continúes practicando y fortaleciendo tus buenos hábitos, pero záfate para siempre del ejercicio de tus malas acciones; y asume tus errores del pasado como valiosas experiencias y estímulos para construir un futuro mejor.

El Apóstol Pablo dijo: «**Una cosa hago: olvidando ciertamente lo que queda atrás, y extendiéndome a lo que está delante, prosigo a la meta, al premio del supremo llamamiento de Dio**».(Filipenses 3:13-14).

Eso fue lo que hizo Johnnetta McSwain, protagonista de una de las historias que comparte John Maxwell, en *Las 15 Leyes del Crecimiento Personal.*

Johnneta veía muy poco valor en sí misma. Nació de una madre soltera que no la quería y así se lo dejó saber. Ella y su hermana Sonya, que era un año mayor, junto a una prima suya, pasaron los primeros años de su vida con su abuela en Birmingham, Alabama. En la casa también vivían tres tíos, quienes abusaron psicológica, física y sexualmente de las tres niñas.

Johnnetta tenía cicatrices tanto físicas como emocionales. «A los cinco año». dice Johnnetta, «empecé a creer que era inferior, que era una niña abandonada por su propia madre y que no tenía ni lugar, ni voz, ni dignidad algun». A la edad de ocho años, cuando la mayoría de las niñas disfrutan de los juegos y la seguridad de su casa, Johnnetta había contraído sífilis (una enfermedad de transmisión sexual) en su propia casa.

Cuando su madre conoció los abusos, trasladó a las niñas a otro hogar. Pero entonces los abusos continuaron por parte de hombres que su madre invitaba a la casa. Y aunque Johnnetta no consumía droga, permanecía mucho tiempo en las calles y finalmente abandonó la escuela secundaria.

Tuvo dos hijos, uno a los diecinueve y otro a los veintitrés años, mientras recibía ayudas del gobierno y de sus novios. Como vestía ropa de moda que hurtaba en las tiendas, en una ocasión, para huir de la policía, tuvo que abandonar a su bebé dentro de su vehículo en un parqueadero.

Cuando cumplió treinta años, Johnnetta se miró al espejo y la primera impresión que tuvo sobre ella misma fue que no tenía nada que celebrar: no tenía hogar ni trabajo ni dinero para subsistir y alimentar a sus hijos; y peor aún: ella no tenía voluntad para mejorar.

No obstante, después de hacer un balance sobre su desgraciada existencia y la de su familia (muchos parientes murieron jóvenes y otros fueron a la cárcel), tomó conciencia de que, por amor a sus hijos, ella debía luchar por un mejor futuro para ellos. Y fue entonces cuando decidió zafarse de su vergonzoso pasado e iniciar una vida nueva y mejor.

Y con tal propósito, se preparó para obtener su diploma de bachillerato. Y aunque fue reprobada en su primer intento, su indeclinable decisión de zafarse de su pasado y luchar por un mejor futuro para ella y para sus hijos, la estimuló para intentarlo por segunda vez. Ocasión esta cuando, no solo aprobó su examen, sino que fue elegida para escribir y pronunciar el discurso en la ceremonia de graduación.

Este importante logro académico la emocionó profundamente; pues le permitió demostrarse a sí misma que con voluntad y disciplina podría, incluso, alcanzar propósitos más elevados.

Ahora intentaría alcanzar un título universitario lo que la convertiría en ser la primera de su familia en ingresar a la Universidad. Con tal fin, se trasladó a vivir en Atlanta, Georgia, para inscribirse en Kennesaw State University.

Ya tenía treinta y tres años y decidió entonces avanzar en sus estudios más rápido de lo normal; y para ello, cada semestre tomaba más asignaturas que sus compañeros.

Y para continuar avanzando en ese proceso de transformación personal y académica, se las arregló para estudiar con los mejores alumnos de sus clases; de tal manera que ellos le contagiaron disciplina y enfoque en sus estudios.

Pero Johnnetta, además, frecuentaba la librería de la universidad, para leer otros temas que enriquecieran su cultura general; y ocasionalmente, en la tienda estudiantil, se probaba el vestido y el birrete de graduación, mirándose en un espejo, mientras se proyectaba mentalmente hasta el día de su propio grado.

Y casi sin que Johnnetta se diera cuenta, se produciría en ella el milagro del "YO" (página 195). De su amor a ella misma, como instrumento indispensable para hacer realidad sus sueños.

En efecto, en alguna ocasión, una condiscípula, buscando en Johnnetta consejo y apoyo, le confesó: "No me gusta como soy. No soy nadie"; a lo cual Johnnetta, para animarla, con absoluta seguridad le contestó: "Yo también estuve decepcionada de mí misma; pero tomé la decisión de cambiar, de apreciarme, de valorarme; y ahora me gusto a mí misma; y si yo me gusto, te aseguro que tú también puedes cambiar tu forma de pensar y comenzar a amarte y aceptarte a ti misma".

En aquel momento, Johnnetta tuvo clara certeza de que, gracias a la decisión que tomó de zafarse de su obscuro y doloroso pasado, ahora era una mujer valiente, valiosa, positivamente transformada y, además, dispuesta y capaz para estimular a otras personas a cambiar sus vidas.

Tres años después, Johnnetta terminó sus estudios superiores en la Universidad; y luego de obtener maestría y doctorado en trabajo social, se ha convertido en empresaria, conferencista motivacional y escritora; orientando sus proyectos a apoyar a las víctimas de violencia doméstica y abuso sexual.

Es mi deseo que estas historias reales de positiva transformación personal sean para ti un estímulo para orientar tu vida hacia un futuro exitoso y feliz. Por tanto, te invito para que, aquí y ahora, ¡ya!, tomes la decisión de liberarte, de zafarte, de aquellos malos hábitos, acciones, personas, circunstancias, que quizás te han impedido lograr tus propósitos. ¡ZÁFATE, transforma tu vida y ¡¡VIVE TU SUEÑO!!

Conclusión

Este proyecto ha sido una experiencia maravillosa en mi vida. Cada vez que me sentaba frente al computador, le pedía a Dios que tomara mis manos y escribiera a través de mí; que tomara mi mente y pusiera sus pensamientos en mí y que tomara todo mi ser para ser un instrumento que llevara su mensaje de amor, fe y esperanza para todas aquellas personas que Él sabía que lo iban a escuchar o a leer.

Así que, si este mensaje ha llegado a tu corazón, toda la gloria es para Él y todo error es mi responsabilidad.

Pasé muchas horas leyendo, investigando, redactando, grabando y editando; algunas veces con lágrimas en mis ojos, conmovida por el mensaje que emergía desde el fondo de mi corazón. Otras veces, llena de fe y entusiasmo, porque sabía el poder de las palabras para transformar vidas.

Y cada vez que, cuando, por alguna razón, me sentía desanimada, alguno de mis oyentes me enviaba un mensaje o recibía una llamada de agradecimiento por haber llegado en el momento oportuno, con las palabras correctas que justo necesitaban en ese momento.

Ahora, mientras escribo las últimas palabras de este libro, a través de la ventana de mi estudio contemplo y disfruto el comienzo de la primavera, una bella estación que trae flores y belleza por cualquier lugar y me doy cuenta de que fue hace un poco más de trece años cuando comencé la transmisión del programa radial VIVE TU SUEÑO en la emisora Radio Poder de Washington D. C., justo unos meses después de mi divorcio, una etapa de frío y mucho dolor y soledad en mi vida.

Y eso me hace pensar que después del invierno siempre viene la primavera, y luego el calor del verano.

A ti, mi amado lector, quiero animarte porque ha llegado el tiempo de la primavera en tu vida; ha llegado el tiempo de florecer allí donde estás; el invierno ha pasado y el calor del amor de Dios está listo para iluminar tu vida y llenarla de fruto, prosperidad, abundancia y realización.

El tiempo de vivir tu sueño ha llegado, así que sal ahí afuera con tu frente muy en alto y comienza a luchar intencionalmente por hacer realidad tus sueños ¡Con la certeza de que el Dios Todopoderoso pelea tus batallas y va delante de ti como Poderoso Guerrero despejando el camino y abriendo puertas para que desarrolles todo tu potencial!

¡¡DIOS TE BENDIGA!! Y ¡¡VIVE TU SUEÑO!!

Nota: Muchas cosas han sucedido en mi vida desde que inicié el proyecto de este libro, como llegar a trabajar de asesora financiera con una empresa de Fortune 500, convertirme en oficial de préstamos para compra de vivienda y un diagnóstico de cáncer en mi seno izquierdo, pero esas cosas y muchas más te las contaré en mi blog y en el próximo libro que ya estoy escribiendo.

Si este libro *De la A a la Z para lograr nuestros sueños* ha significado algo para ti, me gustaría saberlo, escríbeme a claudiacampo@outlook.com o mándame un mensaje privado por Facebook. Me encontrarás como Claudia Maritza Campo. Me encantaría saber de ti. ¡¡¡Hasta pronto!!!